# LES MASQUES ET LES VISAGES

## CÉSAR BORGIA ET LE DUC D'URBINO

AF231562

### 1502 — 1503

PAR

## ROBERT DE LA SIZERANNE

## LIBRAIRIE HACHETTE

# CÉSAR

8° V
15967
(3)

OUVRAGES DU MÊME AUTEUR

*A LA LIBRAIRIE HACHETTE*

LA PEINTURE ANGLAISE, CONTEMPORAINE, 1844-1894. Les origines préraphaélites. — Les Maîtres. — Les caractéristiques. — Un vol. in-8, broché, illustré de 16 planches de gravures. (*Couronné par l'Académie française, prix Bordin, 1895*).

RUSKIN ET LA RELIGION DE LA BEAUTÉ. 10ᵉ édition.

LE MIROIR DE LA VIE. Essais sur l'évolution esthétique.

Iʳᵉ SÉRIE. L'Esthétique des Batailles. — Le Rôle de la Caricature. — La Modernité de l'Évangile. — Les Portraits d'enfants. 2ᵉ édition. Un volume in-16 avec 34 gravures, broché.

2ᵉ SÉRIE. L'Esthétique des Noëls. — Les Neiges d'antan. — Chardin et Fragonard. — Les Dieux de l'heure. — *Tumulo solemnia*. Un volume in-16, broché.

LES QUESTIONS ESTHÉTIQUES CONTEMPORAINES. L'Esthétique du fer. — Le Bilan de l'impressionnisme. — Le Vêtement moderne dans la statuaire. — La Photographie est-elle un art? — Les Prisons de l'Art. Un volume in-16 broché.

PAGES CHOISIES DE RUSKIN. 4ᵉ édition. Un vol. in-16 broché.

L'ART PENDANT LA GUERRE. Leur art. — Ce qu'ils n'ont pu détruire : Les Tapisseries de Reims. — Les Ruines. — La Caricature et la Guerre. — La nouvelle Esthétique des Batailles. Un vol. in-16 broché.

LES MASQUES ET LES VISAGES à Florence et au Louvre. Portraits célèbres de la Renaissance italienne. Un vol. in-8 ill. de 16 planches de gravures. 4ᵉ édition.

BÉATRICE D'ESTE ET SA COUR. (*suite des Masques et Visages*). Uu volume in-8, illustré de 8 planches de gravures.

GUIDOBALDO DE MONTEFELTRO, DUC D'URBINO.

Attribué à Caroto, Bonsignori, Francia, Raphaël (Florence, Palais Pitti).

# LES MASQUES et les VISAGES

## CÉSAR BORGIA ET LE DUC D'URBINO

1502 — 1503

PAR

ROBERT DE LA SIZERANNE

LIBRAIRIE HACHETTE

[Bibliothèque Nationale — R. F. — Imprimés]

Tous droits de traduction, de reproduction
d'adaptation réservés pour tous pays.
*Copyright by · Librairie Hachette 1924.*

# CÉSAR BORGIA
# ET LE DUC D'URBINO

## INTRODUCTION

L'HISTOIRE qu'on va lire me fut suggérée par un portrait. Elle est tout entière, à la vérité, contenue dans des papiers, et des papiers du temps, c'est-à-dire des pièces dont l'authenticité ne fait aucun doute : lettres privées, lettres d'ambassadeurs, mémoires, *diarii*, actes publics [1]. Mais sans ce portrait, je ne m'en

1. GUIDOBALDO I, DUCA D'URBINO, *Lettera del 28 giugno 1502 al Cardinale Giuliano della Rovere* (Arch. fiorentino, et copie à la Vaticane), publiée par Leoni, dans *Vita di Francesco Maria della Rovere* ; par Alvisi dans *Cesare Borgia duca di Romagna*, et, en anglais, par Dennistoun, dans *Memoirs of the Dukes of Urbino*.

MADIAI, *Diario delle cose di Urbino.* (Archivio storico per le Marche e per l'Umbria, III.) — MARIN SANUTO, *Diarii.* — BALDASSARE CASTIGLIONE, *De Vita et Gestis Guidubaldi Urbini ducis* et *Il Cortegiano.* — GIUSTINIAN, *Dispacci*, II, 1502-1505. — JOHANNIS BURCHARDI, *Diarium.* — MACHIAVEL, *Légation auprès du duc de Valentinois en Romagne. Légation à la Cour de Rome. Le Prince. Discours sur Tite-Live.* — SERASSI, *Delle Lettere del conte Baldassare Castiglione.* — BEMBO, *Opere*, II.

Cf. GUICCIARDINI, *Storia d'Italia*, I. — BALDI, *Memorie concernenti la città d'Urbino.* — BALDI, *Vita e fatti di Guidobaldo duca d'Urbino.* — DENNISTOUN, *Memoirs of the Dukes of Urbino*, I et II. — GREGOROVIUS, *Lucrezia Borgia.* — ALVISI, *Cesare Borgia duca di Romagna.* — YRIARTE *César Borgia* et *Autour des Borgia.* — LUZIO E RENIER, *Mantova e Urbino.* — MARCOLINI, *Notizie storiche di Pesaro e Urbino.* — DELARUELLE, *I*

serais jamais inquiété. Je crois que c'est une aventure commune à beaucoup d'entre nous. On rencontre, dans la vie, une figure singulière, aux traits fortement accusés, avec une inquiétante énigme dans le maintien ou dans le regard. On demande à son voisin à qui est cette figure et pourquoi ce regard... Si c'est dans un musée, on le demande aux catalogues, aux guides, aux historiens ; si les historiens ne le savent pas ou le savent mal, on interroge les contemporains du modèle, les archives, les monuments, et il arrive que, brusquement, sans y songer, on est jeté en plein drame. Un témoin se rencontre qui donne la clef du mystère physionomique, d'autres paraissent alors pour contredire ou pour confirmer. Bientôt, ils sont une foule, nous entourant, parlant tous à la fois. On est confus d'être seul à ne pas connaître une histoire qui passionna tant de gens... Pendant ce temps, le Portrait nous suit des yeux et semble contredire ou confirmer, par son indice physiologique, le témoignage des morts. Il est à la fois la cause déterminante de cette enquête et sa contre-épreuve, et comme c'est à lui, en définitive, qu'il faut revenir pour élucider ce que les documents écrits n'élucident guère, nous lui savons gré de tout ce qu'il nous a forcés d'apprendre pour le bien voir.

Celui dont il s'agit présentement n'est pas des plus célèbre. Pourtant, nul n'est entré au Palais Pitti sans

*Ritratti di Guidobaldo di Montefeltro* (L'Arte, 1900). — Ugolini, *Storia dei conti e duchi d'Urbino*, II.

Commentaria quarumdam terrarum, locorum et hominum status Urbini... *Memoria di quanto si fece dal duca Guidobaldo e suoi popoli, e particolarmente in Urbino, nel tempo che il Duca Valentino prese quello stato.. Ms. nell' Archivio del Commune di Urbino.*

le voir, et nul ne l'a vu sans être arrêté par son mystère. C'est une face longue et triste et pâle d'homme encore jeune, glabre, anguleux, le menton légèrement en galoche, le front clair découpé par une barrette noire en as de pique, le nez long et tombant, le cou nu sectionné par le collet bas et droit comme par une lunette de guillotine, le tout encadré par la double chute des cheveux raides et longs à droite et à gauche. La tenue, d'une extrême discrétion dans sa somptuosité, est un manteau noir qui descend en serpentant et laisse apercevoir, çà et là, les écailles carrées d'un brocart d'or, comme une peau de crocodile. Pas de geste, pas même de bras visibles : un long buste posé bien droit, les épaules effacées, comme pour offrir la poitrine à un peloton d'exécution. Selon la recette classique, le côté clair de la face s'enlève sur un fond sombre, sur un angle de mur qui tombe droit-fil derrière le milieu du crâne ; le côté ombré de la figure se découpe sur la clarté d'un ciel, d'un horizon de montagnes, d'eaux, d'arbres, aperçus par une fenêtre, avec deux meules de foin...

De qui est cette peinture grave et calme, dans des tons chauds, mais sans éclat particulier, ce dessin admirable et serré? Autrefois, c'était le portrait d'*un inconnu par un inconnu*. Puis, on l'attribua au Francia, ensuite à Caroto ; on l'attribue aujourd'hui à Bonsignori, — sans parler de Raphaël, auquel, à de certaines époques, on donnait tous les beaux portraits dont on ignorait l'auteur. On poursuivra longtemps encore, sans doute, la recherche de cette paternité. Il est peint évidemment à la fin du XVe siècle, ou au début du XVIᵉ, et peint par un maître, vigoureux, un peu austère, dédaigneux des bagatelles. Pour « tirer la ressemblance » d'un homme, il ne fait pas mille histoires : il le place bien en face de lui, lui pousse les épaules en arrière, lui dit de ne pas bouger, comme les photographes de jadis, et le peint. C'était le bon temps.

Quant au modèle, son identité ne fait pas de doute : nous sommes en présence de Guidobaldo Iᵉʳ, comte de Montefeltro et troisième duc d'Urbino. C'est le fils de l'homme au nez cassé et au bonnet rouge qui est aux *Uffizi* et de Battista Sforza ; c'est le mari d'Élisabetta Gonzague, dont le portrait est aux *Uffizi* ; c'est le beau-frère d'Isabelle d'Este et du marquis Gonzague, le héros de Fornoue figuré dans notre *Vierge de la Victoire*, au Louvre. L'identité est attestée par la ressemblance exacte qu'ont la figure et le costume avec le portrait en miniature qui accompagne le manuscrit de Castiglione, *De Guidubaldo Urbini duce*, à la Bibliothèque Vaticane [1]. Au reste, il suffit de lire le signale-

---

1. Portraits de Guidobaldo, comte de Montefeltro, troisième duc d'Urbino.

*Authentiques* :

1º Miniature en tête du manuscrit nº 1766 *Urb. Lat.* de la Bibliothèque Vaticane, *De Guidubaldo Urbini duce*, texte de Balthazar Castiglione ;

2º Tableau à l'huile peint au début du XVIᵉ siècle (tête avec barrette, buste, fond de paysage) attribué tantôt à Francia, tantôt à Bonsignori, tantôt à Caroto, tantôt à Raphaël. Au palais Pitti, salle de l'Iliade, nº 195 ;

3º Le personnage à genoux, à droite, au premier plan du tableau de saint Thomas et saint Martin par Timoteo Viti, à la *Galerie nationale des Marches* au Palais Ducal, à Urbino ;

4º Médaille portant, au droit, le buste à gauche d'un enfant, cheveux longs, coiffé d'une petite calotte, avec l'inscription : *Guidub. Dux. Urb. Montisferetri. ac. Durantis. Comes.* et, au revers, une femme drapée vue de face, assise, les mains jointes, tenant une branche d'olivier, avec l'inscrip-

ment de Guido, que le même Castiglione a rédigé, afin de le faire connaître à Henri VII ; il le peint « d'une haute stature, le teint pâle, le visage pas tout à fait plein, mais d'une forme élégante et, à tout âge, très gracieux ; dédaigneux pourtant de toute coquetterie et, en ce qui concerne le vêtement, recherchant seulement la décence et la propreté, les yeux glauques, les cheveux d'abord dorés, ensuite à peine blonds, plats, peu abondants sur le cou, les épaules larges, beaucoup de poitrine, peu de ventre, les cuisses fortes, les jambes minces. » On retrouve là, sans rien y changer, tout le physique de ce portrait.

Physique, en vérité, fort particulier et impressionnant : que veut ce regard fixe et atone? Pourquoi cette maigreur, ces pommettes saillantes, cette attitude droite, ferme, mais résignée, passive devant la destinée? Sur quel secret tragique, — ou simplement misérable, — sont scellées ces lèvres finement découpées dans le circonflexe aigu de leur arc? Qu'attend cet

tion : *Solam. me. fata. relinqunt, caetera. quam. rapiant.* Au cabinet impérial de Vienne ;

5° L'enfant figuré tenant un sceptre auprès de son père Federigo, comte de Montefeltro, deuxième duc d'Urbino, en manteau ducal, sur sa chaise seigneuriale, lisant un missel. Dans le tableau de Juste de Gand, au Palais Barberini à Rome ;

6° L'enfant à longs cheveux, coiffé d'une toque ornée de brillants, figuré à côté de son père Federigo duc d'Urbino, écoutant la leçon d'un professeur en chaire dans le tableau de Juste de Gand, à Windsor.

*Présumés avec vraisemblance :*

1° L'enfant en bas âge, figuré dans les bras de sa mère, à droite de la figure de Federigo, comte de Montefeltro, deuxième duc d'Urbino, dans le tableau la *Communion des Apôtres*, de Juste de Gand, à la *galerie nationale des Marches* au Palais Ducal, à Urbino ;

2° L'enfant à la calotte et aux longs cheveux, de profil gauche, attribué à Giovanni Sanzio, galerie Colonna, à Rome.

homme, et d'où vient l'infini de sa tristesse et de son désenchantement? De quelle lignée épuisée ou de quels crimes est-il l'aboutissement? Sur quelles solitudes infécondes son regard est-il posé? Quelle désillusion de l'homme ou de la femme? Il nous semble que nous sommes en présence d'un prédestiné du malheur. Si c'est un soldat, il n'a pas dû vaincre ; si c'est un amoureux, il n'a pas su plaire ; si c'est un docteur, il n'a pas pu persuader... Pour tout dire, et pour ne pas chasser plus longtemps une image obsédante, quoique irrévérencieuse et sans doute injuste, voici, transposé dans le plan du grand Art, le type classique long, triste et pâle du Pierrot de la Comédie italienne : l'être malchanceux sentimental, battu et trompé. Et l'on cherche quel est l'Arlequin, du xv$^e$ ou du xvi$^e$ siècle, qui joue dans le même drame. On n'a pas longtemps à chercher. C'est un sinistre Arlequin qui rôde, ici, dans l'ombre : c'est **César Borgia**.

# CHAPITRE PREMIER

## LA FUITE

Un beau soir d'été, le 20 juin 1502, vers huit heures, Guidobaldo de Montefeltro, troisième duc d'Urbino, venait de dîner à l'ombre des arbres des Zoccolanti, près de l'église de San Bernardino fondée par son père, laquelle est à deux kilomètres environ, derrière Urbino, et il considérait le panorama des campagnes accidentées et silencieuses qui l'entourent. Il tenait sous son regard, comme à la portée de sa main, la capitale de son petit royaume, vue de dos si l'on peut dire et allongée sur le faîte de la montagne, royaume petit [1] mais fidèle, peuplé d'amis et de vétérans que son père avait maintes fois conduits à la victoire. Il distinguait aisément, soulignant l'horizon, la longue ligne de son palais immense et précieux, rempli de livres rares et de belles figures que son père y avait rassemblés. Il ne

---

1. Le duché d'Urbino était petit pour un royaume, mais grand pour un duché. Il comprenait une partie importante des Romagnes et des Marches, depuis Gubbio au Sud jusqu'à Saint-Marin au Nord et depuis les Alpes della Luna, à l'Ouest, jusqu'au delà de Fossombrone, à l'Est, c'est-à-dire tout le Montefeltro proprement dit avec sa capitale San Leo, puis les régions de Castel Durante (aujourd'hui *Urbania*) et de Sant'Angelo in Vado, de Gubbio, de Cagli, de Pergola et de Fossombrone : en tout sept villes épiscopales, un certain nombre de petites cités, et de 300 à 400 villages fortifiés ou *castelli*.

distinguait point tous les toits de tuiles des maisons
serrées sur l'une et l'autre pente, autour du palais
géant ; il ne savait point encore quels rêves de beauté
venaient d'éclore sous l'un d'eux et iraient peupler un
jour toute notre planète des figures les plus idéales
qu'elle ait jamais connues, mais il les couvait tous du
même regard bienveillant et paternel. Il jouissait donc
d'un de ces tableaux de paix parfaite, si rares dans la
vie, où rien ne trouble la pensée, lorsque, brusquement,
parut un courrier haletant, la figure bouleversée, arrivant de Fossombrone, ayant cherché le duc dans
Urbino et porteur des plus étranges nouvelles : César
Borgia, qu'on croyait en marche pour une expédition
contre le Camerino, venait brusquement de dévier de
sa route. Il avait quitté Spolète où était son quartier
général et, au lieu de tourner à droite, il avait pris la
grande route au Nord et gagné, à marches forcées,
Costacciaro et Cantiano, précédé par deux mille
hommes d'infanterie, et il s'avançait sur Cagli, c'est-à-
dire en plein État neutre d'Urbino. L'homme de confiance du duc, Messire Dolce, qui lui mandait ces nouvelles, ajoutait qu'il recevait de Fossombrone l'avis
suivant : des deux mille hommes que César Borgia
venait de rassembler précédemment en Romagne pour
investir le Camerino, la moitié s'était retournée vers la
frontière urbinate et occupait les hauteurs d'Isola di
Fano, de Reforzate et Sorbolongo, c'est-à-dire les
passes entre l'État d'Urbino et celui de Sinigaglia ;
tout Fano était occupé par les troupes pontificales ;
enfin les comtes de Montevecchio et de San Lorenzo,
qui évoluaient sur cette frontière, venaient de passer

à la solde de Borgia et sans doute allaient marcher aussi contre Urbino.

En entendant ces choses, un homme de notre temps fût demeuré stupide... Il aurait pris le courrier qui les lui rapportait pour un fou ou un mystificateur... Qu'avait César contre lui? Ils étaient fort bien ensemble. Il n'y avait pas six mois, Guidobaldo avait reçu Lucrèce Borgia en grande pompe à Urbino, et quitté son propre palais pour qu'elle s'y déployât plus à son aise ; il lui avait même donné sa femme Élisabetta Gonzague pour l'accompagner à ses noces avec Alfonso d'Este. Élisabetta en avait reçu, d'ailleurs, les plus tendres témoignages d'amitié... Il n'y avait pas plus de trois mois, le Pape avait donné à son neveu et fils adoptif, le jeune Francesco Maria della Rovere, le titre de « Préfet de Rome », et voici qu'il voulait lui donner, en mariage, sa nièce Angela Borgia. Il n'y avait pas un mois que César avait écrit à Isabelle d'Este, belle-sœur de la duchesse d'Urbino, une lettre tout emmiellée pour fiancer son fils à elle âgé de deux ans à la fille qu'il venait d'avoir de Charlotte d'Albret. Il n'y avait pas huit jours qu'à son quartier général de Spolète, parlant à Messire Dolce, il l'avait assuré qu'il n'y avait « personne en Italie pour qui il eût un attachement aussi fraternel que pour Guidobaldo !... »

Rien ne s'était passé, depuis ces quelques jours, qui ait pu changer les sentiments du Valentinois à son égard... Tout au contraire : cette artillerie que César traînait avec lui maintenant sur les routes du duché, elle lui avait été fournie par Guidobaldo lui-même, non pas comme allié, mais sur une réquisition du Pape !...

Il avait envoyé des bœufs pour la conduire et donné des ordres pour que les chemins fussent réparés entre Gubbio, La Serra et Sassoferrato... Mais, au fait, pourquoi César lui avait-il demandé tout cela? Et pourquoi lui demandait-il encore mille hommes pour les diriger sur la Toscane et aider à la conquête d'Arezzo? Il n'en avait guère besoin... Quel était donc son objectif? Camerino? Arezzo? ou bien... n'était-ce pas plutôt Urbino? « Je crains bien d'avoir été joué ! » s'écria Guido en frappant sur la table. Il sauta à cheval et regagna, en toute hâte, son palais.

Là, de nouveaux courriers l'attendaient. L'un d'eux, envoyé par les autorités de Saint-Marin, venait l'avertir qu'on voyait un millier d'hommes de Borgia, c'est-à-dire le reste de sa troupe de Romagne, s'avancer sur Sant'Arcangelo et sur Verucchio, pour saisir cette passe étroite où coule la Marecchia entre les deux *rocce* de Scorticata et de Verùcchio, à l'entrée de la plaine de Romagne... C'était l'attaque par le Nord... Enfin, du gouverneur de Cagli, c'est-à-dire du Sud, parvenait, à l'instant, ce dernier son de cloche : César Borgia, reçu à Cagli en ami, s'y était proclamé seigneur et maître et marchait sur Urbino, où il serait le lendemain matin... Il n'y avait plus à en douter : c'était l'invasion : — l'invasion par une armée d'une dizaine de mille hommes au moins, bien entraînée, pourvue de tout ! En l'espace d'une heure, le danger le plus formidable, qui pouvait, à cette époque, menacer un petit prince italien, lui était apparu...

Que faire? Combattre?... Pour combattre, il faut des soldats et les soldats manquaient, — le peu d'hommes

armés du duché étant dispersés, çà et là, dans les garni-
sons et les forteresses. En paix avec tous ses voisins, en
dehors des conflits internationaux, et notamment de
l'« Entreprise de Naples, » neutre par sa position même
et son humeur pacifique, l'État d'Urbino n'entretenait
pas une armée véritable. Il faut du canon, et une partie
de son artillerie était entre les mains de César Borgia,
et sur l'ordre du Pape... La ville n'était même pas
fortifiée. Comment la défendre?... Les notables, dès
la première nouvelle de l'invasion, étaient accourus
au Palais et, à la lueur des lampes et des torches,
ils délibéraient. La délibération ne fut pas longue.
Il n'y avait aucun moyen de résister. Peut-être,
en laissant la ville ouverte à l'envahisseur, évite-
rait-on le pillage, l'incendie, et les vies seraient
sauves.

Quant au duc, avant tout, il ne fallait pas qu'il
courût le risque de tomber entre les mains du Valentinois. On savait trop de quoi celui-ci était capable. Il
avait fait assassiner, après l'avoir comblé de gentillesses, un prisonnier de guerre âgé de dix-huit ans seulement, le bel Astorre Manfredi, seigneur de Faenza,
qui pourtant s'était rendu librement et en échange
de sa parole.... Il en ferait tout autant de Guidobaldo.
Donc, le duc devait partir. Vivant et libre, il pourrait attendre des jours meilleurs, quelque retour de
fortune. Le grand appui de César, le Pape, était
vieux, et s'il venait à disparaître, le pouvoir des Borgia
croulerait aussitôt. D'ailleurs, Urbino n'était pas tout
l'État. Il y avait des forteresses dans le Montefeltro :
il y avait le nid d'aigle, le berceau de la puissance mili-

taire de ce pays, San Leo. Si le duc devait se défendre jusqu'à la mort, c'était là.

Guidobaldo le comprit et se résigna au départ. Il n'y avait pas une minute à perdre. Il n'avait pas à se préoccuper du sort de sa femme : la duchesse d'Urbino, Élisabetta Gonzague, était à Porto, près de Mantoue, auprès d'Isabelle d'Este. Mais il lui fallait pourvoir au salut de son neveu Francesco Maria della Rovere, le nouveau « préfet de Rome », âgé de treize ans. Ce serait un trop précieux otage entre les mains de César et peut-être une victime. Il décida donc de l'emmener, malgré son jeune âge et les fatigues et les périls probables de la route. Il prit avec lui, aussi, son écuyer favori Giovanni Andrea, habile aux armes, et son premier chambellan Cathelan, auquel il confia son trésor et ses papiers ; il s'entoura d'une petite troupe d'archers à cheval, fidèles à toute épreuve, et à onze heures et demie du soir environ, il quittait silencieusement le palais... Il passa sous la porte précieusement sculptée de ce *Cortile*, où étaient gravées et peintes toutes les machines de guerre de tous les temps, vains simulacres de force et de victoire, et cette inscription à la gloire de son père : ... QUI BELLO PLURIES DEPUGNAVIT, SEXIES SIGNA CONTULIT, OCTIES HOSTEM PROFLIGAVIT OMNIUM-QUE PRELIORUM, VICTOR DITIONEM AUXIT..., ironiques témoins de sa fuite par là même où le grand condottière avait passé pour aller châtier Sigismondo Malatesta... Peut-être ce contraste hanta-t-il sa pensée ; peut-être, aussi, qu'il n'y songea guère : ce sont les historiens qui ont de ces loisirs. Il descendit donc, par ces étroites anfractuosités, entre des murailles

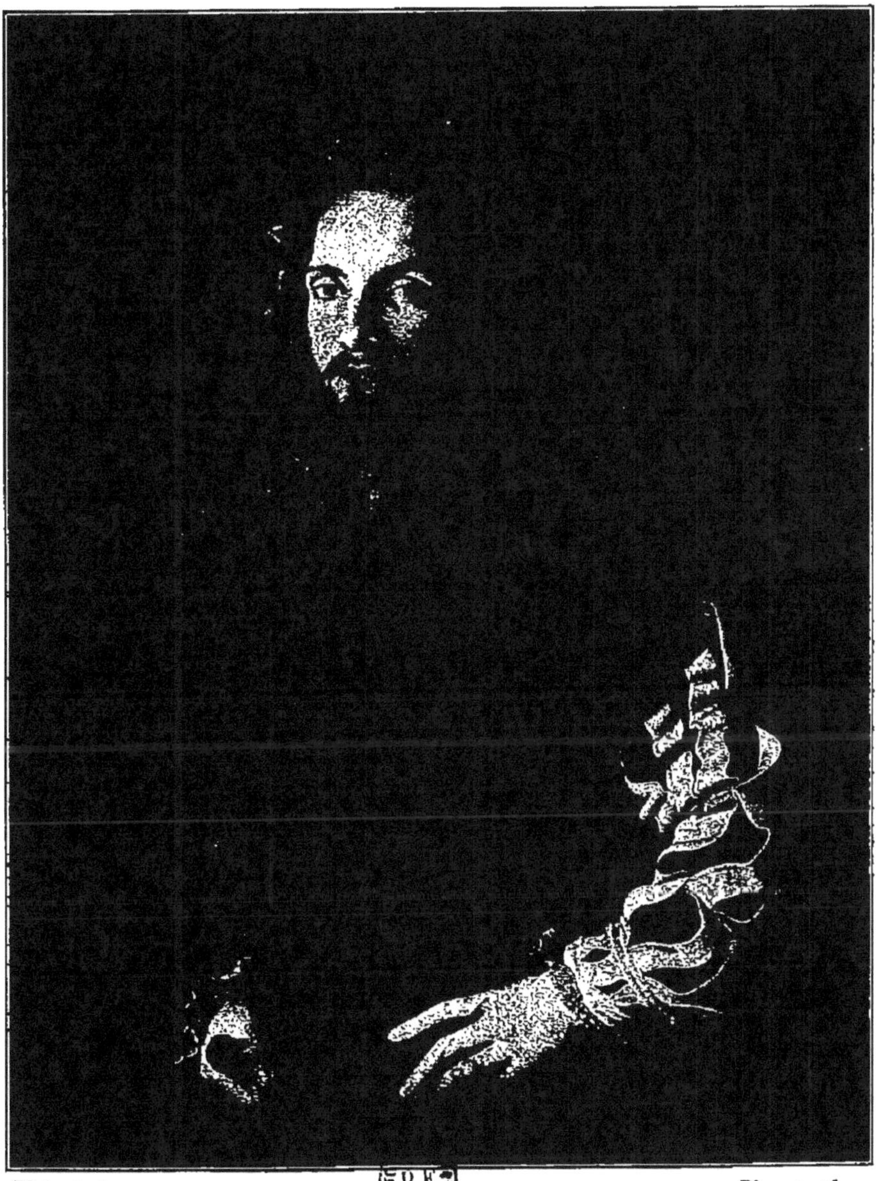

Photo Anderson.

Pl. 2, p. 16.

**PORTRAIT SUPPOSÉ DE CÉSAR BORGIA.**

Autrefois attribué à Raphaël (Galerie Borghèse, à Rome).

qu'on appelle des rues à Urbino, et, remontant, puis
redescendant au gré des pentes de cette ville qui « se
couche de toutes parts, » selon la définition de
Montaigne, les sabots des chevaux tâtant le pavé dans
l'ombre, il prit la route de San Leo.

Tout en chevauchant, Guido songeait. Il repassait
ses souvenirs et voyait s'éclairer, à la lueur de l'événement, bien des points restés obscurs. Cette insistance
des Borgia pour que sa femme accompagnât Lucrèce
à Ferrare, cette réquisition de l'artillerie urbinate, cette
prière que les routes de Cagli fussent réparées, cette
réquisition de mille hommes par Vitellozzo qui n'en
avait nul besoin contre Arezzo : tout cela qui lui avait
paru si singulier et incohérent s'enchaînait fort bien et
formait, dès lors, la trame où il venait de se prendre...
Il se rappelait, maintenant, un sinistre individu venu à
Urbino pour l'assassiner, — il y avait plus d'un an de
cela, c'était au mois de février 1501, — un certain
Camillo Carraccioli — oui, c'est bien ainsi qu'il s'appelait !... — qu'on avait dû pendre pour lui inculquer le
respect de la vie humaine. Il avait paru, alors, que ce
personnage n'était pas mû par son propre génie et
qu'une main puissante en manœuvrait les ficelles et
l'on avait cru y reconnaître la main de Borgia... — Il
n'hésiterait donc pas devant un guet-apens... Et, encore
aujourd'hui, pourquoi cette attaque par le Nord, ces
troupes qui avançaient par Verucchio sur San Leo?
Sans doute, pour le prendre, lui, Guidobaldo !... Il y
avait toutes les chances pour que les routes praticables
du Montefeltro fussent, déjà, interceptées. Il fallait les
éviter, se jeter en pleine montagne, au risque de se

casser le cou. Les fugitifs quittèrent donc la route, descendirent dans le torrent de l'Apsa et, par des sentiers détournés, s'acheminèrent dans la direction de Sassocorvaro.

C'est une étrange aventure que de chevaucher par les ravins qui entourent Urbino, même de nos jours, même en plein jour. Il y faut quelque attention et quelque adresse. Il y a quatre siècles et à minuit, sur ces damiers bosselés qu'on appelait des routes, ou ces pistes de terre battue, quand on quittait le rocher pour la vallée, on imagine ce que pouvait être une chevauchée et une fuite. La petite troupe avançait péniblement, le long des précipices, dans la nuit des forêts qui, à cette époque, couvraient toute la montagne. Après quatre heures de marche, comme on avait traversé la Foglia et le torrent de Conca et qu'on approchait de cette chaîne de montagnes qui aboutit au piton de San Leo, on respira plus à l'aise. San Leo, gigantesque obélisque debout parmi les montagnes qui vont s'abaissant, sur la rive droite de la Marecchia, des Alpes de la Lune et du Sasso Simone à la plaine et à la mer, à dix kilomètres à vol d'oiseau de Saint-Marin, est une des forteresses les plus inaccessibles du monde entier. Quand Dante, au IVe chant du Purgatoire, veut donner l'idée d'un rocher abrupt, impossible à gravir, il dit qu'il l'est davantage même que San Leo. C'était plus encore pour la race des Montefeltro : c'était le sommet dédié à Jupiter Feretrius, *Mons Feretri*, le Dieu jadis tout-puissant dont le nom et la protection étaient descendus sur tout le royaume, puis la demeure du saint ermite Léon, le miracle de la nature et de l'art, le palladium de l'État d'Urbino. Là, avec une garnison petite, mais fidèle, et un peu de canon, Guido pouvait tenir en respect les troupes de Borgia indéfiniment. Mais il fallait y arriver...

On y arriverait, sans doute, dans la journée du lendemain. Jusque-là, aucun danger n'était apparu. Mais à mesure qu'on approchait du but, la montagne déserte semblait s'animer. Des silhouettes suspectes, au long des crêtes, paraissaient et disparaissaient sur la lumière mal éteinte du ciel, dans cette nuit du solstice d'été, une des plus courtes de l'année... Quand on les rejoignait, c'était un berger, un chasseur, un paysan inoffensif. Mais il semblait aux fugitifs qu'il y avait beaucoup de bergers, cette nuit-là, dans les montagnes du Montefeltro... Quels troupeaux gardaient-ils au juste? Si l'on avait eu le loisir de les examiner, on aurait pu voir briller quelque chose, sous leur manteau, qui n'était pas en forme de houlette... Comme on approchait de Monte Copiolo, une de ces ombres mouvantes vint droit aux fugitifs et les appela par leur nom. Tombait-on dans une embuscade? Non. C'était un faux berger, mais un véritable ami. Il venait de la part d'un Urbinate fidèle, un certain Dionigi Agatoni de' Maschi, de Sant'Agata, pour servir de guide au duc d'Urbino. Ce Dionigi se trouvait présentement à Monte Copiolo ; il avait appris, la veille, l'invasion du duché et, ayant remarqué que des soldats ennemis déguisés en bergers rôdaient par toutes les passes menant à San Leo, il avait, de son côté, posté des hommes à lui, également déguisés en bergers, sur tous les sentiers par où il soupçonnait que le duc pourrait venir.

Pendant toute la nuit, ces différents travestis s'étaient épiés les uns les autres, d'un bord à l'autre des ravins. Tout avait été conçu et réalisé avec une telle rapidité que le guet-apens organisé par Borgia se trouvait déjoué. Le duc, rendant grâces au ciel, suivit le guide. A l'aube, la petite troupe atteignait le château de Monte Copiolo.

Là, Dionigi l'attendait avec un dévouement résolu, mais de fâcheuses nouvelles. Les soldats de Borgia venant de Sant' Arcangelo et de Verucchio, au lieu de marcher sur Saint-Marin, comme on le croyait, avaient occupé les deux seules passes par où l'on pût accéder à San Leo, et des hommes venus de Rimini et de Cesena, bien organisés, l'investissaient de toutes parts. Le chemin était coupé, le combat impossible : il ne restait plus que la fuite. Guido remonta donc à cheval avec ses compagnons, accrus de Dionigi et, dans la même journée, par des chemins détournés, la petite troupe parvint à Sant' Agata Feltria, solide forteresse sur les confins de la Toscane et de la Romagne. Quand ils virent se dresser le cube de pierre, à pic sur son rocher en surplomb, qui regarde encore aujourd'hui la Perticara, il était temps : hommes et chevaux tombaient de fatigue.

L'enfant, surtout, le jeune préfet de Rome, ne pouvait supporter une plus longue chevauchée. Pour ne point l'exposer aux hasards grandissants de la fuite, Guidobaldo résolut de se séparer de lui et de l'envoyer, avec deux compagnons fidèles, par le val di Bagno et la Toscane, jusqu'à Savone, d'où il rejoindrait son oncle, le cardinal de la Rovere, cet ennemi juré du

Pape Alexandre VI, qui devait un jour régner sous le nom de Jules II. Quant à lui, le seul territoire sur lequel il pût espérer trouver asile était celui de Venise. En montant droit au Nord, sans doute avec un peu de chance atteindrait-il, en une journée, Castelnuovo, qui était une sorte d'enclave vénitienne dans les possessions de Borgia en Romagne. Pour toucher le but, moins il aurait de monde avec lui, plus il avait de chances de passer inaperçu. Il congédia donc ses archers, ne gardant avec lui que ses trois chambellans ou secrétaires, revêtit des hardes de paysan et, le 22 juin, après une nuit de repos, prit la route de la Toscane, par l'évêché de Sarsina, en descendant le cours du Savio. La journée, quoique pénible, s'annonçait assez bonne. Il avait déjà passé la rivière et espérait arriver, sans encombre, à Castelnuovo. Il était sur le territoire de Cesena, dans la région du soufre, une des plus sinistres pierrailles de cette région, lorsque, en traversant le lit d'un torrent dit le *Borello*, les cris : « A mort ! à mort ! Tuez-les ! » éclatèrent dans le désert silencieux, poussés par une troupe de paysans armés qui attendaient cachés derrière un pli de terrain. A ce cri, une foule d'autres apparurent, et les fugitifs n'eurent que le temps de jeter au galop leurs montures. Mais ils étaient serrés de près, les manants étaient déjà à une portée d'arbalète du duc; ils allaient le joindre, quand le cheval d'un de ses compagnons glissa, et le malheureux fut entouré aussitôt d'un essaim d'égorgeurs. C'était le trésorier Cathelan : sa sacoche éventrée laissa rouler des pièces d'or qui éblouirent la racaille et la clouèrent sur place. On raconta, plus tard, que l'infortuné serviteur avait spontanément crié qu'il était le duc et était mort égorgé pour sauver son maître. En tout cas, celui-ci était déjà loin, et le soir même, à huit heures, à demi mort de fatigue, il s'abritait, à Castelnuovo, sous les ailes puissantes du Lion de Saint-Marc.

Le lion, dans la circonstance, ne se montra pas tout à fait digne de sa renommée. Les autorités de Ravenne, auxquelles Guido avait dépêché un courrier dès son arrivée, avant même de prendre du repos, lui répondirent, sur-le-champ, qu'elles ne voyaient pas d'un très bon œil sa présence sur leur territoire : la ville de Castelnuovo était faible et de peu de défense, l'ennemi puissant : bref, on lui enjoignait de s'en aller au plus vite. Un des plus tristes effets de l'adversité, le plus triste peut-être, est de voir, du côté où il est le moins pur, le profil des hommes. Guido, d'esprit bienveillant, ne voulut trouver, là, que le judicieux conseil de gens qui se sentaient trop faibles pour le protéger efficacement. Il demanda seulement qu'on lui donnât jusqu'à la nuit pour préparer son départ, et comprenant que sa dernière chance venait à lui manquer, il changea une fois encore de déguisement, et se prépara à faire face à une mort inévitable.

A ce moment, on vint lui dire qu'une femme demandait à lui parler. C'était une paysanne qui revenait du marché de Meldola. Ce qu'elle venait lui dire prouvait qu'il ne s'était pas trompé dans ses pressentiments. Le bruit courait, à Meldola, qu'un second courrier, dépêché par les autorités de Ravenne au Duc, pour presser encore son départ, avait été arrêté par les gens du Valentinois, interrogé et contraint de révéler la retraite du fugitif.

Aussitôt, tous les hommes des troupes pontificales s'étaient échelonnés pour couper les issues, notamment, d'un côté, les chemins qui menaient à San Galeato en Toscane et, de l'autre, la route de Ravenne. Le filet était bien tendu. Pour y échapper il ne fallait pas attendre qu'il se refermât tout à fait : chaque minute qui s'écoulait y ajoutait une maille. Il était six heures du soir. Guido décida de ne pas attendre la nuit et, las de ruser avec le danger, il voulut pousser droit en avant, se jeter en plein territoire ennemi et remettre tout entre les mains de Dieu.

Avec lui, deux de ses gens, le messager vénitien venu de Ravenne et ses trois compagnons et deux guides tentèrent la chance. Entre Castelnuovo et la route de Ravenne, règne un dédale de petits vallons boisés à travers les derniers contreforts des collines qui vont s'abaissant, sillonnées de ruisseaux ou de torrents, assez propices à une marche défilée. Les rochers taillés à facettes et les mamelons ronds où Benozzo Gozzoli déroule, en un long serpent, le cortège étincelant et bigarré de ses Rois mages, peuvent en donner quelque idée. Les fugitifs coupèrent à travers ces vallées et ces collines. Chacun de ces bois pouvait être une embuscade, chaque ravin une souricière. Pendant plusieurs heures, les cavaliers cheminèrent, évitant les maisons, suivant les sentes, masqués par l'ombre grandissante au creux des gorges, en sorte que la nuit tombait, et la route devenait de plus en plus ardue et incertaine, lorsque le pauvre Prince, débuchant des montagnes, s'élança vers la plaine et vers la mer.

C'était le dernier effort à fournir, mais le plus rude.

Il pouvait déjà se croire en sûreté, lorsque, tout d'un coup, comme il traversait la grande route de Cesena à Forlimpopoli, à peu près à l'endroit appelé Torre del Moro, il entendit à sa gauche et à sa droite éclater des décharges d'artillerie. Qu'est-ce que cela voulait dire? On tirait le canon à Bertinoro, à Cesena, à Forlimpopoli, tout le long de la via Flaminia. Sur les collines qu'il avait franchies, des feux d'alarme s'allumaient, jalon‑ nant la piste qu'il venait de suivre. En même temps, les cloches des églises, à tous les points de l'horizon, se mettaient en branle. Il voyait, sur les chemins, une ruée de gens se précipiter vers les hameaux qu'il venait de traverser... Il était donc découvert : le drame tou‑ chait à sa fin. Toutes les voix du ciel et de la terre son‑ naient l'hallali...

Ce n'était même pas la « vue. » Le Prince passa, invi‑ sible, dans le clair crépuscule de juin, enveloppé, comme d'une nuée céleste, par la protection de Jupiter Fere‑ trius. A mesure qu'il voyait s'abaisser à sa gauche les feux du couchant derrière le paravent ondulé des mon‑ tagnes et, à sa droite, s'allumer les étoiles sur l'Adria‑ tique, il approchait de Ravenne, c'est-à-dire du salut. Sans débrider, il courut toute la nuit. Au matin, il entrait dans la vieille ville de Théodoric, possédée alors par Venise, et la municipalité, un peu honteuse, semble‑ t-il, de ce qu'elle avait fait la veille, le recevait avec de grands honneurs. Il était sauvé.

De là, il lui était relativement facile de gagner Man‑ toue, par les États du duc de Ferrare. Il alla donc cher‑ cher un refuge auprès de son beau-frère, le marquis Gonzague, l'homme agenouillé devant notre *Vierge*

PORTRAIT PRÉSUMÉ DE CÉSAR BORGIA.
Médaille par un Florentin.

LUCRÈCE BORGIA
Médaille attribuée à Melioli (Bibl. Nat., Cabinet des Médailles).

*de la Victoire*, et de sa femme Isabelle d'Este. Il trouva celle-ci avec sa femme à lui, Elisabetta Gonzague, ignorantes de tout, se promenant tranquilles dans les jardins de Porto, sous les charmilles taillées par le fameux jardinier de la marquise et qu'on peut voir au Louvre dans le tableau de Mantegna, *la Sagesse victorieuse des Vices*. Pour le moment, c'était le Vice qui triomphait. L'acte de César Borgia et son obstination à se saisir de la personne du Duc pour en faire prestement un cadavre plongèrent les deux femmes dans la stupeur. La marquise écrivit à sa belle-sœur, Claire de Montpensier : « Nous étions depuis un certain temps tranquilles et contentes, ici, où se trouve, depuis le Carnaval jusqu'à ces jours-ci, l'illustrissime duchesse d'Urbino ; bien des fois nous avons souhaité votre présence pour compléter notre plaisir. Mais voici que, récemment, est survenu l'inopiné et malheureux événement de la perte du duché d'Urbino et l'arrivée, ici, du Seigneur Duc, avec quatre cavaliers seulement, lequel ayant été, grâce à la trahison, surpris à l'improviste, n'a sauvé sa vie qu'avec grand danger. Nous sommes devenues si interdites, si accablées et si désolées, que nous-mêmes nous ne savions où nous nous trouvions, comme peut penser Votre Excellence, et si grande est la compassion que j'ai pour la Duchesse que je voudrais ne l'avoir jamais connue. Mantoue, le 27 juin 1502. »

La catastrophe n'accablait pas seulement les cœurs : elle confondait l'entendement. Le marquis Gonzague grommela, contre Borgia, des imprécations qui durent faire grimacer terriblement son masque de nègre,

**Quant** à Guidobaldo, son premier soin, **avant de** prendre aucun repos, fut d'écrire au beau-frère de sa sœur, le cardinal de la Rovère, une longue lettre où il le mettait au courant de l'étrange aventure. Il insistait sur la neutralité qu'il n'avait jamais cessé d'observer, et sur ce point qu'il n'était en guerre avec personne au moment où son État avait été envahi ; il racontait, par le menu, toutes les péripéties de sa fuite et terminait en disant qu'il avait tout perdu, « sauf sa vie, son pourpoint et sa chemise. »

Il y a une mode pour les thèses historiques, comme pour les chapeaux, et elle obéit à peu près à la même loi, qui est celle de l'alternance et de l'exagération. C'est ainsi qu'après la période romantique, où les Borgia furent cités comme des cas de tératologie morale, on a vu paraître toute une école qui, sous couleur de les considérer en fonction de leur époque, les a déclarés normaux et conformes à l'idéal de leurs contemporains. Quelques textes de Machiavel, industrieusement pratiqués, ont concouru à cette étrange opinion. Égorger son frère au cours d'une promenade nocturne ; assassiner son beau-frère et le poursuivre blessé, au lit, malgré les larmes de sa sœur, et l'achever ; étrangler un jeune prince inoffensif, presque un enfant, auquel on a promis la vie sauve, semer son chemin des cadavres de parents, d'amis, de serviteurs, qu'on a comblés de caresses, ne donner sa parole que pour la violer, ne se réconcilier que pour se venger, ne s'allier que pour trahir : — tout cela, s'il fallait en croire les docteurs de la relativité de la loi morale, aurait paru aux gens du xvɪᵉ siècle les choses les plus naturelles. Les romantiques ne l'avaient point compris, étant gens de peu d'objectivisme historique et de nerfs trop faciles à secouer : l'école nouvelle témoignerait d'une supériorité politique et d'un flegme transcendant en ne s'émouvant pas pour si peu.

Cette thèse est séduisante, comme tous les paradoxes, mais, quand on serre de près les réalités, il faut beaucoup en rabattre. Que les crimes politiques fussent plus fréquents alors qu'aujourd'hui, c'est tout à fait évident, quoique, de nos jours, il ne soit peut-être pas impossible d'en trouver encore quelques exemples. Que ces crimes ne fussent pas immédiatement punis par l'Europe unanime, soulevée, organisée, armée, et que le coupable, mieux préparé à déchaîner le fléau que ses victimes ou ses témoins à le conjurer, pût leur faire tête quelque temps, parfois quelques années, — il est encore vrai que le xvɪᵉ siècle nous a donné cet immoral spectacle. Félicitons-nous de vivre dans des temps si différents ! Mais que l'opinion d'alors, l'opinion des lettrés, des humanistes, des savants et des soldats, des princes même et des femmes, ait vu là un idéal, c'est une autre chose et qui n'est point vraie.

En réalité, les gens du xvɪᵉ siècle, non plus que nous, ne trouvaient naturel, ni digne d'éloges, qu'on cambriolât, sans crier gare, la maison de son voisin, et que, pour s'épargner l'ennui de ses doléances, on disposât tout pour l'égorger au coin d'un bois. La conscience d'alors, comme celle d'aujourd'hui, réprouvait ces gentillesses. C'est ainsi que l'acte du Valentinois, violant la neutralité d'Urbino, excita une surprise et une indignation réelles. Jusque dans sa famille, jusque chez Lucrèce Borgia, on en trouve le témoignage. Dès le 27 juin, au moment même où Guido arrivait à Mantoue, un témoin, Bernardino de Prosperi, écrivait, de Ferrare, à Isabelle d'Este, que la duchesse de Ferrare « ne pouvait se consoler en songeant à toutes les amabilités reçues à son passage à Urbino quelques mois auparavant, » et, le 29, le prêtre de Correggio écrivait à la même Isabelle, à propos de la même Lucrèce : « Elle m'a demandé si j'avais quelque lettre de Votre Excellence sur l'événement. J'ai dit que non. Elle a montré un extrême déplaisir et toute sa Cour avec elle et a dit qu'elle donnerait cinquante mille ducats pour ne l'avoir pas connue !... »

Ceci pourrait n'être que courtoisie personnelle et sens affiné des convenances. Mais un sûr indice que César sentait la nécessité de s'excuser devant l'Italie et l'Europe, c'est qu'il le fit, — et il n'était point l'homme des gestes et des paroles inutiles. Le crime étant à peine accompli, ou pour mieux dire étant en voie d'accomplissement, il rédigea sa propre apologie, et sur la route de Cagli à Urbino, dans la matinée du 21 juin, avant même d'entrer dans la ville, il dépêcha au Pape un courrier porteur d'une lettre explicative et justificative de son acte. Cette lettre, à la vérité, n'était pas pour le Pape, qui savait fort bien à quoi s'en tenir : elle était pour être montrée aux diplomates de tous les États d'Italie et d'ailleurs, présents au Vatican. Elle n'avait rien d'impromptu : il aurait pu la rédiger avant de quitter Rome. Mais il importait qu'elle parût, comme son crime même, dictée par les circonstances.

Dans ce document, il n'affiche nullement un mépris des traités, ni un cynisme politique particuliers au xvi^e siècle. Il ne proclame, en aucune façon, le droit du plus fort à remanier la carte du monde à sa fantaisie. Il s'excuse d'avoir violé la neutralité urbinate, en déclarant avoir les preuves que le duc d'Urbino l'allait violer. Il a seulement pris les devants. Il n'y songeait nullement en quittant Rome. Il se dirigeait vers le Camerino, auquel il avait régulièrement déclaré la guerre, au nom du Pape et que celui-ci avait, au préalable, excommunié selon l'usage : tous ses préparatifs, sa concentration de troupes, en faisaient foi. Seulement, en approchant de Spolète, — qui devait être sa base naturelle d'opérations dans la contrée montagneuse, quand il irait à l'Est et au Nord de la plaine ombrienne, — il avait appris que Guidobaldo rassemblait de l'argent, des vivres et des troupes pour aller au secours de son voisin. Pouvait-il continuer sa marche sur le Camerino avec la menace d'une attaque sur le flanc, au moment où il entrait dans les montagnes? C'était une folie ! Puis, il avait une juste vengeance à tirer. Guidobaldo jouait double jeu : en l'attaquant, il n'avait fait que se défendre. D'ailleurs, ce duc félon s'était enfui devant la réprobation de son peuple, et la ville s'était rendue librement. Il allait y entrer sans effusion de sang. César terminait en s'excusant d'avoir entrepris cette opération subsidiaire, lui le chef des troupes pontificales, sans l'autorisation du Pape...

Cette extraordinaire apologie ne trompa peut-être pas grand monde, mais vainement y chercherait-on les symptômes d'une morale particulière au XVIe siècle. Elle est rédigée dans les termes mêmes qu'emploierait un de nos contemporains, qui aurait commis le même crime, pour endormir les révoltes de la conscience moderne. Le sophisme de la « guerre préventive » était déjà trouvé.

Le plus singulier, c'est que, tout d'abord, quelques faits semblèrent confirmer le mensonge. Des soldats du gouverneur de Camerino, faits prisonniers durant la marche sur Foligno, déclarèrent qu'un complot avait été ourdi, à Urbino, pour capturer les canons auxquels Guido, lui-même, avait promis de fournir des moyens de transport. D'autre part, l'évêque d'Ischia, partisan de César, fit avouer à un prisonnier que cinq cents fantassins, venant d'Urbino, étaient entrés dans le Camerino pour aider à sa défense. Ces cinq cents hommes, d'ailleurs, étaient des mythes : personne jamais n'en entendit plus jamais parler. Mais celui qui a la victoire trouve toujours des gens pour raconter sur le vaincu tout ce qu'il veut.

Maintenant, comment cette victoire avait-elle été si facile? Il faut, pour le comprendre, se représenter que le Valentinois menait, à ce moment-là, deux expéditions : l'une contre le Camerino, au Sud-Est d'Urbino, l'autre contre Arezzo, au Sud-Ouest. Le duché se trouvait donc au haut de la fourche ou des tenailles formées par ses troupes, ou par ses communications, et dont le manche était à Rome. Il suffisait de les refermer, en les allongeant un peu, pour le prendre. L'expédition d'Arezzo n'était pas officiellement une affaire pontificale : c'était, prétendument, une affaire personnelle entre Vitellozzo Vitelli et les Florentins, pour venger le meurtre judiciaire de son frère, ancien condottière des Lys. Mais Vitellozzo était à la solde de César ; il n'agissait que par ses ordres, il en recevait des renforts; on pouvait donc faire circuler des troupes le long de la frontière urbinate et même pousser des convois et des hommes sur les routes de Nocera Umbra, Gubbio, La Serra, Sassoferrato, sans éveiller des soupçons. Tout cela était en apparence soit contre le Camerino, soit contre Arezzo.

Pour comble de faux-semblant, César avait imaginé de demander son aide à Guidobaldo. Vitellozzo lui réclamait mille hommes pour l'aider à réduire la citadelle d'Arezzo. « Mais je ne suis pas en guerre avec les Florentins ! Je ne suis en guerre avec personne ! » répondait le duc d'Urbino. César le lapidait de lettres du Pape, lequel invoquait les services qu'il avait déjà rendus à l'Église pour le prier de faire réparer les routes sur le chemin de Camerino, de pourvoir au ravitaillement de son monde, de fournir des bœufs pour le transport de l'artillerie : bien plus, de prêter son artillerie à lui. Guido répondait en envoyant son confident, Dolce di Lotto, alors à Pérouse, vers le Valentinois pour l'apaiser avec de belles paroles et un magnifique cheval de bataille pompeusement habillé de brocart.

Il était déjà trop tard. Le 10 juin, les avant-gardes pontificales avaient quitté Rome par la via Flaminia et s'avançaient vers le Nord. Deux jours après, César suivait avec son état-major. Puis, venait le corps principal, environ 6 000 hommes avec 700 hommes d'armes. En outre, deux mille hommes attendaient des ordres dans les Romagnes, mille dans les défilés qui font communiquer les États de Sinigaglia et d'Urbino sous les ordres des comtes de Montevecchio et de San Lorenzo, et mille au Nord du duché, à Verucchio. Le 15, César arrivait à Spolète, et là, il ordonnait la levée d'un homme d'armes par maison, dans toutes les parties des Romagnes en sa possession. Puis il montait à cheval et, à marches forcées, gagnait Costacciaro, faisant passer devant lui deux mille fantassins, qu'il appelait son « artillerie à pied », et précipitait toujours plus vite, vers Cantiano et Cagli. C'est sur la route, entre ces deux villes, que Dolce di Lotto l'avait rencontré. Stupéfait de ce qu'il voyait, sentant la trahison croître autour de lui, Dolce avait immédiatement prévenu son maître, mais trop tard. Une marche forcée, pendant laquelle les troupes firent trente milles par jour, sans repas ni repos, les amenait à Cagli le 20 et là, levant le masque, — un des masques innombrables dont il se parait, — César se proclama seigneur du lieu.

Pendant ce temps, ses lieutenants de Fano et de Forli se mettaient en marche ; le premier, avec de l'artillerie, occupait Reforzate, Isola di Fano et Sorbolongo, positions qui commandent les grandes routes entre Urbino et Sinigaglia ; le second, venant de Forli et de Cesena, tournait par Sant'Arcangelo et Verucchio, entrait dans cette région des montagnes où se dressent, comme deux titans, les rochers de Saint-Marin et San Leo. Ainsi, de toutes parts, se refermait sur Guidobaldo le filet tendu par le terrible rétiaire... Le duc avait échappé par miracle, mais le duché était pris. Il ne pouvait y avoir de résistance sérieuse. La nuit du 20 au 21 juin, où Guido avait quitté son palais, il y eut un terrible désordre. Les jeunes gens et la plèbe « qui n'avait rien à perdre, » dit un historien, avaient couru aux armes. Mais les autorités et les gens sages avaient plutôt couru cacher leurs trésors, ne se faisant aucune illusion sur l'honnêteté de Borgia. Beaucoup emmenèrent leurs femmes et leurs enfants dans les villages voisins, quelques-uns jusqu'à Pesaro. Peu à peu, les prudents décidèrent les belliqueux à déposer leurs armes et, le lendemain, quand César parut en grand costume sur un cheval magnifiquement caparaçonné, suivi de ses lances et de ses hommes d'armes en harnais de tournoi, avec plumes aux couleurs diaprées, il ne trouva plus, en face de lui, qu'une foule pacifique, stupéfaite et résignée.

Les autres villes, ou forteresses, devaient également se soumettre. Même San Leo, l'inexpugnable San Leo, par la trahison ou la sottise de son gouverneur, un certain Lattanzio, de Bergame, se rendit. Plus tard, à Venise, ce malavisé personnage étant allé faire sa cour au souverain dépossédé : « Seigneur, lui dit-il, ne doutez pas que je sois prêt à remplir toutes les conditions nécessaires à la reprise de San Leo. » — « Ma foi, répondit le Duc, vous avez déjà rempli la première, qui était de le perdre. » Mieux inspiré, ce gouverneur eût plaidé le désarroi où il s'était trouvé faute d'avertissement et d'ordres. La brusquerie de l'attaque avait déconcerté la résistance. César venait de donner l'exemple que

Tavannes mit plus tard en aphorisme : « Les soldats doivent être dans les villes devant qu'ils sachent pourquoi. » L'Italie, en se réveillant, se trouva en présence du fait accompli. Et Machiavel et Soderini, tout ébaubis, écrivirent qu'on avait appris la mort du duc d'Urbino « en même temps que sa maladie ».

# CHAPITRE II

## L'EXIL

C'ÉTAIT bien coupé : il fallait maintenant coudre. César s'y employa sans tarder. On a pu dire de lui avec raison : « A peine une ville prise, il légifère, il organise, répare les brèches, assure la défense et la conservation comme si la conquête était définitive. Imola, Forli, Cesena prises, il appelle Léonard de Vinci pour assurer le service des Eaux, réparer les forteresses, élever des monuments. Il fonde des Monts-de-Piété, institue des Cours de Justice, et fait œuvre de civilisation. » C'était vrai presque partout. A Urbino, il n'y avait quasi rien à faire : nul État en Italie n'était aussi sagement ordonné que ce petit duché. Mais il y avait beaucoup à prendre, notamment dans le palais. La bibliothèque d'Urbino était célèbre, œuvre de patience et d'amour du grand Federigo qui, jadis, n'entretenait pas moins de trente-quatre copistes pour l'enrichir ; les œuvres d'art, tapisseries, vaisselles d'or et d'argent, statues antiques et modernes y étaient abondantes et d'une beauté rare. César se souciait fort peu des Antiques, mais il en connaissait la valeur marchande et se gardait bien de la laisser perdre. Le pillage fut méthodiquement organisé, les mesures prises pour que rien ne s'égarât en route, semble-t-il, ni ne fût gâté. Des files de mulets chargés, de trésors, descendirent de la montagne et s'acheminèrent vers Forli ou vers Rome, emportant un butin qu'on peut évaluer, au moins, à six millions de francs.

Comme les soldats, mis en goût par cette opération, commençaient à piller pour leur propre compte, César les fit sortir de la ville et camper près de Fermignano. La vue du désordre lui était insupportable. Ses admirateurs ont loué, en lui, un certain esprit d'équité dans le gouvernement de ses États, et en effet il faut reconnaître qu'il ne tolérait aucune injustice qui ne lui fût pas profitable. Comme tels grands artistes qui ne veulent pas d'élèves, il ne pouvait souffrir chez les autres les crimes dont il donnait de parfaits modèles. Dans cet esprit, il épouvantait les malfaiteurs autant que s'ils eussent été d'honnêtes gens et punissait, avec la plus grande cruauté, tout acte de « cruauté indisciplinée ».

A Urbino, une seule chose le tourmentait et lui gâtait son triomphe : n'avoir pu faire étrangler Guidobaldo. « Le mort ne mord point, » dit un proverbe français du XVI<sup>e</sup> siècle. C'était son avis. Aussi ne pouvait-il pardonner à ceux qui avaient laissé échapper sa proie. Parmi ceux-ci, était un certain Pier Antonio, familier de Guido. Ce Pier Antonio avait persuadé à son maître de satisfaire à toutes les demandes de César : il avait donc livré le duché, mais il n'avait pas livré le Duc. Il fut décapité avec Dolce, sous couleur « d'avoir conspiré contre le Souverain Pontife. » Ces deux malheureux furent à peu près les seules victimes de Borgia en la circonstance. Pour les autres Urbinates, il ne toucha pas « un cheveu de leur tête, » — et il s'en vanta hautement. Ils n'étaient point très difficiles à gouverner. Les Montefeltro les avaient habitués à un régime libéral et ordonné. Avec César, ils n'avaient pas la même liberté, mais, à part les exactions des soldats, ils jouissaient du même ordre. Ils se soumettaient donc à César.

Pendant ce temps, Guidobaldo se morfondait à Mantoue, au futur *Paradiso* d'Isabelle d'Este, qui, en d'autres temps, lui eût paru un Paradis, mais qui, dans ces conjonctures, perdait beaucoup de son charme. Ses seules consolations étaient d'ordre mystique : le 23, deux jours après sa fuite, on avait ressenti à Urbino un tremblement de terre tel qu'on n'en avait jamais ouï parler d'un plus grand, et on tirait, de là, le présage que le ciel désapprouvait le nouveau régime. Il avait encore la consolation de s'entendre dire par la sœur Osanna dei Andrasi, — la vieille femme figurée à genoux dans la *Vierge de la Victoire*, au Louvre, — que « Borgia passerait comme un feu de paille. »

Certes, la prophétie de cette sainte sorcière, fameuse à la Cour de Mantoue, était un réconfort pour l'avenir. Mais, pour le présent, il fallait vaquer au solide, chercher quelque part un appui matériel contre l'usurpateur. Justement le Roi de France arrivait en Italie, — le Roi, le redresseur de torts, l'envoyé de Dieu ! Il avait la réputation d'un honnête homme : on allait lui retracer la conduite de César. Il ne pouvait rester insensible à tant d'injustices, de trahisons et de crimes. Le bruit courait qu'il était déjà résolu à les châtier, considérant « qu'anéantir la puissance des Borgia serait aussi méritoire que faire la guerre aux Turcs. » Toutes les victimes du Valentinois, les princes dépossédés, Varano de Camerino, Giovanni Sforza, seigneur de Pesaro, et notre Guidobaldo d'Urbino, accompagné du marquis de Mantoue, accouraient, le cœur plein de griefs et d'espoirs, croyant trouver, à Milan, le chêne de saint Louis.

Ils oubliaient que l'Étranger ne rend pas justice, d'abord parce que l'Étranger, n'ayant pas souffert des injustices et n'en ayant pas été témoin, les comprend mal, ensuite parce qu'il a, dans le pays où il n'est qu'en passant, d'autres intérêts que le pays lui-même. Fatalement, il est amené à subordonner ce que font les habitants à ce qu'il y vient faire pour son compte. Louis XII s'était mis en tête de poursuivre encore une fois l'« entreprise de Naples. » Pour cela, le concours du Pape lui était nécessaire, et le Pape ou César Borgia, c'était tout un. Il écoutait donc d'une oreille distraite, quoique bienveillante, les doléances de tous ces petits Princes contre César, l'histoire de ses origines scandaleuses, de son effrontée hypocrisie, lorsque celui-ci, en personne, parut.

Il avait quitté Urbino « en habit de chevalier de Saint-Jean, » le 25 juillet, avait passé le 4 août à Ferrare auprès de sa sœur Lucrèce fort malade, — elle venait de mettre au monde un enfant mort, — et, le 7, il arrivait à Milan par la Porta Romana, à cheval, et le Roi de France qui se promenait de ce côté-là, comme par hasard, en revenant du palais de Trivulce, le rencontra, flanqué de son beau-frère de Ferrare, Alfonso d'Este. Il lui donna l'accolade et fut avec lui « comme de bons cousins et parents » ; il le conduisit au *Castello* et le logea dans la chambre la plus proche de la sienne. Mieux encore, Louis XII commanda lui-même le souper du Valentinois et lui rendit visite trois ou quatre fois dans le cours de la soirée, voire en chemise de nuit, au moment de se coucher. Il mit des sénéchaux et des serviteurs à la disposition de cet étrange compère, le pria de porter ses propres chemises et vêtements, lui disant de ne s'adresser à personne d'autre pour ce dont il pourrait avoir besoin, mais de considérer comme siens la garde-robe du Roi, ses voitures et ses chevaux. Même Louis XII alla jusqu'à lui procurer une litière à son choix. « En somme, disait Niccolo da Correggio qui rapportait tous ces détails à Isabelle d'Este, il ne pourrait faire plus pour un fils ou pour un frère. »

Les Princes venus pour dénoncer le Valentinois et en tirer vengeance demeuraient quinauds. La Cour tout entière béait de stupeur en éprouvant la vérité du mot de César à Machiavel « qu'en ce qui concernait la politique de la France, personne en Italie n'avait rien à lui apprendre. » Et ce fut ainsi pendant tout le séjour de Louis XII à Milan. Lorsque le Roi regagna Gênes, César l'y suivit et ne le quitta que lorsqu'il l'eût mis dans le bateau. Sa victoire était complète. Les Princes spoliés regagnèrent piteusement leurs exils respectifs. Le marquis Gonzague, qui avait déclaré vouloir se battre contre César « à l'épée et au poignard et en délivrer l'Italie », ravala, en grommelant, ses menaces. Le Roi, qui ne voulait pas voir ennemis ses amis, parvint à réconcilier l'eau et le feu. Gonzague fit sa paix avec le traître, — et Guidobaldo s'en revint, à Mantoue, plus dépossédé que jamais.

Il ne l'était pas encore assez au gré de César ! Sa présence si près d'Urbino et de Ferrare, dans une famille alliée à Lucrèce, était un reproche, une protestation contre l'usurpation, un drapeau éventuel pour les soulèvements possibles des Urbinates ou des Montefeltriens. Il fallait s'en débarrasser. Puisqu'on n'avait pu le faire par l'assassinat, il fallait user de quelque autre moyen. Comment l'amener à renoncer à ses droits sur Urbino ? Si on lui persuadait de se faire prêtre !... Il pourrait devenir cardinal ; on pourrait au moins le lui faire croire et, cardinal ou non, il deviendrait inoffensif. Il est vrai qu'il était marié, mais si peu ! Il n'avait pas d'enfants et était destiné à n'en point avoir : c'était de notoriété publique. Son peuple attribuait généralement ce malheur aux maléfices de son ancien tuteur et régent, Ottaviano Ubaldini, qui, convoitant la succession d'Urbino pour son propre fils, aurait appelé, pour priver le duc d'héritier, la sorcellerie à son aide. Les médecins, incapables de remédier au mal, étaient pour beaucoup dans la propagation de cette légende. Les astrologues aussi : d'après l'horoscope tiré à la naissance de Guidobaldo, sa vie devait être « agitée, courte et infirme ». On pourrait donc annuler le mariage comme inexistant. On marierait la duchesse Elisabetta Gonzague à un « baron français » ; on en avait justement un tas sous la main, avec Louis XII. César resterait maître de l'État envahi, sans contestation possible, et tout le monde serait content.

Photo Anderson.

Pl. 4, p. 40.

LE PAPE ALEXANDRE VI.

Détail d'une fresque de Pinturicchio aux Appartements Borgia, au Vatican.

Telle était la combinaison que César avait imaginée dans ces premiers jours d'août 1502, qu'il faisait circuler à Rome par ses agents, qu'il glissait, lui-même, à Gênes, dans l'oreille du trésorier de Mantoue, afin qu'on y amenât les Gonzague. Le Pape était consentant, cela va sans dire ; la Cour de Mantoue n'y aurait pas fait grand obstacle, voyant là un moyen de se réconcilier avec César, avec qui elle projetait une alliance, sans abandonner trop outrageusement le beau-frère Guidobaldo. Mais il fallait le consentement des deux époux. Guido eût peut-être consenti à céder sa femme pour un chapeau, car il était homme de scrupules et pensait sans doute mieux remplir les devoirs de sa charge cardinal qu'époux, mais quelle apparence qu'une femme aussi sage qu'Elisabetta Gonzague voulût reprendre sa liberté et abandonner le malheureux prince que tout trahissait à la fois? Il suffit de regarder son portrait grave, pensif, crépusculaire, aux *Uffizi*, pour comprendre qu'on ne se trouve pas en présence d'une tête virant à tous les vents. Elle refusa tout net, déclarant « que, dût-elle tenir Guidobaldo pour son frère, elle aimait mieux encore cela que le répudier comme mari. »

Ce trait frappa grandement les contemporains. Nous voyons, plus tard, dans le *Cortegiano*, qu'un soir, César Gonzague, discourant sur les beaux exemples de vertu féminine, s'en vint à dire : « Je ne peux, non plus, taire une parole de notre duchesse, laquelle, ayant vécu quinze ans en compagnie de son mari comme veuve, non seulement est demeurée constante à ne le révéler à personne au monde, mais, étant conseillée par ses proches de sortir de ce veuvage, aima mieux souffrir l'exil, la pauvreté et toutes sortes d'autres misères que d'accepter ce qui à tous les autres paraissait grande grâce et prospérité de fortune. » A quoi la duchesse, qui était présente, répond simplement : « Parlez d'autre chose et n'entrez plus dans un tel propos. Vous avez tant d'autres choses à dire !... »

Le refus d'Elisabetta coupant court à tous les projets d'accommodement, il n'y avait plus qu'à sévir. Le marquis de Mantoue reçut de César une mise en demeure formelle : éloigner son beau-frère ou se brouiller avec les Borgia ! On ne lui demandait pas positivement de chasser sa sœur. Mais celle-ci connaissait son devoir : elle ne balança pas à le remplir. Voyant bien, dit-elle, « que la vie du duc courrait un plus grand danger si elle ne le suivait pas », elle déclara qu'elle ne l'abandonnerait jamais, « *dût-elle aller mourir à l'hôpital !* » Les Gonzague se félicitèrent fort d'avoir une sœur si héroïque, d'abord parce qu'elle l'était, ensuite parce qu'elle les dispensait de l'être. On imagine tout ce qui dut grouiller de lâchetés obscures, de bas espoirs inavoués, de reniements muets, dans les âmes de ces princes superbes et tremblants au milieu de leurs *camerini* délicieux, dans ce futur *Paradiso* d'Isabelle d'Este, par les lumineuses journées de l'été 1502... Enfin, la parole libératrice fut dite. On se décidait à partir. Le 9 septembre, le duc et la duchesse d'Urbino quittaient Mantoue et allaient se réfugier là où se réfugiaient alors tous les princes dépossédés, toutes les victimes des tyrannies de la « Terre ferme » : à Venise.

Les Vénitiens, à cette époque, faisaient, vis-à-vis

de l'Italie, figure d'un peuple insulaire, défendu par ses eaux, tirant tout de sa vie maritime, de son expansion mondiale, suivant une politique latérale et libre. Le lion de Saint-Marc était un amphibie : ce sont des nageoires qu'il eût dû porter, non des ailes. Maintenue dans un patriotisme farouche par le danger permanent, beaucoup moins déchirée par les discordes intestines que les autres villes d'Italie, rattachée aux pays d'outre-mer par les milliers de liens subtils, invisibles et entre-croisés, qui se tissaient et se défaisaient, sans cesse, comme les sillages de ses vaisseaux, Venise ne voulait pas que l'Europe débordât chez elle, mais elle ne craignait pas de déborder sur l'Europe, et pour la même raison qu'elle ne laissait nul gage aux mains des autres, recueillait avidement tous les gages que l'Europe avait la naïveté de lui laisser prendre, par exemple, les exilés. Dans son jeu, un roi et une reine étaient des atouts éventuels à ne pas négliger. Elle accueillit donc les réfugiés de Mantoue, leur donna une maison sur le Canareggio et même plus tard leur servit une pension. Le Pape s'en plaignit à ses ambassadeurs, mais elle le laissa dire. Si les Borgia grognaient de voir, en sûreté, le duc et la duchesse d'Urbino, c'est qu'ils étaient dangereux ; s'ils étaient dangereux, ils étaient une force, par conséquent bons à garder. Elle les garda.

Ce n'est pas que, pour l'instant, ils parussent bien redoutables. Abandonnés de tous les potentats d'Italie que terrifiait la fortune de César, privés de leurs ressources, réduits à une demi-misère, tant que la pension de la Seigneurie ne leur fut pas servie, c'est à peine s'ils gardaient de leur souveraineté passée une réalité plus effective que ce que peuvent garder du plus beau palais les reflets du canal où errait leur mélancolique gondole. Un moment, les difficultés de leur existence devinrent telles que la bonne Reine Anne de Bretagne ayant offert de les secourir, la duchesse Elisabetta Gonzague pensa entrer dame du Palais à son service !

Il arrivait bien, de temps en temps, une lettre de Mantoue. Ce qu'était une lettre pour les exilés, on le devine sans peine... Avec quelle impatience on devait se jeter sur celles d'Isabelle d'Este ! Sans doute, elles étaient fort intéressantes. Elles contenaient des nouvelles. On y lisait, par exemple, ceci : « Nous avons sevré Federigo ; au bout d'un jour et d'une nuit, il s'y est facilement accoutumé... » Mais de politique, pas un mot. Et n'était-ce pas mieux? Isabelle ne pouvait décemment raconter que son mari était au mieux avec César. Celui-ci le remerciait « de la manière dont il avait agi, dans les présentes conjonctures, avec le Seigneur Guido Ubaldo et l'illustrissime duchesse sa sœur », et il ajoutait : « Notre vieille amitié ne souffrira plus désormais aucune exception. » Sans connaître les termes, ni même peut-être l'existence de ce *satisfecit* infamant, Guidobaldo et sa femme savaient bien que la réconciliation se faisait sur leur dos.

Ailleurs, cependant, on travaillait pour eux dans l'ombre. Un mois ne s'était pas écoulé que, déjà, des rumeurs venant de l'Ombrie leur rendaient un peu d'espoir. La manière dont le Valentinois avait agi avec Urbino, sa prestesse à déchirer les traités donnaient beaucoup à réfléchir aux neutres, à ses propres amis, à ceux-

là même, condottières ou lieutenants, qu'il avait
employés à cette besogne. Qu'est-ce que tout cela,
disaient-ils, et où allons-nous? Voici les Riario chassés
d'Imola et de Forli, les Malatesta de Rimini, les Sforza
de Pesaro, les Manfredi de Faenza, les Appiano de
Piombino, les Montefeltro d'Urbino, les Varano de
Camerino. De qui maintenant sera-ce le tour?... Des
Bentivoglio de Bologne... Et après? Où s'arrêtera-t-il?
Ses possessions touchent les nôtres. Qu'est-ce qui
l'empêchera de les prendre? Nous avons des traités,
mais Guidobaldo en avait aussi, autant qu'on en peut
souhaiter, des brefs du Pape à revendre... Un parche-
min vaut peu pour arrêter un Borgia : des lances et des
bombardes vaudraient mieux.

Ainsi raisonnaient, judicieusement, mais un peu tard,
des gens comme Vitellozzo Vitelli de Città di Castello, les Orsini, les Baglioni de Pérouse, Pandolfo
Petrucci de Sienne, Oliverotto Eufreducci, généralement appelé Liverotto da Fermo, la préfétesse de Sinigaglia, enfin Giovanni Bentivoglio, de Bologne, pour
l'instant le plus directement menacé, quoique couvert
ou pour mieux dire « découvert » par la protection toute
platonique de la France. Ayant ainsi raisonné, ils se
firent part de leurs inquiétudes et, pour aviser et
mettre leurs forces en commun, ils se réunirent en une
sorte de « conférence », qui devait aboutir à une confé-
dération.

Cette conférence, qui devait être célèbre dans l'histoire de l'Italie, eut lieu à la Magione, près de Pérouse.
Ceux qui ne purent venir envoyèrent des représentants,
notamment Antonio da Venafro aux lieu et place de

Petrucci. Les plus nombreux étaient différents membres de la famille Orsini et, après eux, c'étaient les Vitelli, représentés par Vitellozzo, qui paraissaient les plus redoutables. Ces seigneurs décidèrent de s'unir, se « confédérer », pour arrêter l'invasion de César et, d'abord, de ne pas abandonner les Bentivoglio s'ils venaient à être attaqués, puis d'attaquer, eux-mêmes, ce qui pouvait rester de troupe au Valentinois. Pour cela, ils s'engageaient à mettre sur pied une armée de sept cents hommes d'armes et de neuf mille fantassins. Ils comptaient vaguement sur le concours de Florence et de Venise : en tout cas, ils le leur demandaient. Ils demeuraient ou tâchaient de demeurer amis de la France et s'interdisaient toute expédition ou alliance qui pût paraître à Louis XII un acte d'hostilité. En un mot, le complot ou la coalition de la Magione était une affaire purement personnelle entre eux et César.

Sur ces entrefaites, le 7 octobre, Guidobaldo recevait une joyeuse nouvelle : San Leo venait de se soulever et arborait l'aigle des Montefeltro. Voici ce qui s'était passé. César, toujours méfiant à l'égard des populations conquises et précautionneux à l'extrême, tout en faisant dire au dehors que les Feltriens s'accommodaient fort bien de son régime, agissait comme s'ils ne s'en accommodaient pas et fortifiait les défenses de ses citadelles. Ainsi faisait-on, à San Leo, des travaux qui nécessitaient l'emploi de nombreux ouvriers et de matériaux considérables. Parmi les ingénieurs était un certain Andrea, homme dévoué à Brizio, l'ancien page et écuyer du duc Federigo. Le 5 octobre, comme il introduisait par le pont-levis un convoi de grosses poutres, il s'arrangea pour les faire verser, de façon à bloquer momentanément la porte. Au même moment, un groupe de vétérans feltriens, vêtus comme des paysans et répandus dans les faubourgs de la ville, par les soins de Brizio et de Lodovico Paltroni d'Urbino, sortirent des maisons et, aux cris de : « Feltro ! Feltro ! » se ruèrent sur la citadelle, suivis de la foule ameutée. Voyant venir ces gens, les soldats du poste voulurent fermer la porte. Coincée par les poutres, elle n'obéit pas à la commande. La foule s'engouffra dans le château et l'occupa en un instant. La *rocca* était envahie avant que ses défenseurs fussent revenus de leur surprise : quelques-uns n'en revinrent que dans l'autre monde.

Les cris de : « Feltro ! Feltro ! Le Duc ! Le Duc ! » auxquels se mêlait aussi le cri de « Marco ! Marco ! », c'est-à-dire le cri de ralliement de Venise, tombèrent du haut de San Leo et se répercutèrent successivement de montagne en montagne. Il y a longtemps qu'on l'a remarqué : nulle part les nouvelles ne se propagent plus vite qu'au désert. Au Nord, jusqu'à Saint-Marin et Tavoleto, au Sud jusqu'à Cagli et Gubbio, la révolution gagna, de village en village, de château en château, en un jour ou deux. La chute de San Leo fut connue à Urbino le 8 octobre, qui était jour de marché, apportée par les paysans des campagnes environnantes, et la ville se souleva, de suite, au même cri libérateur. Le gouverneur, se rappelant alors, mais un peu tard, qu'il avait imprudemment laissé hors du château les pièces de canon destinées, l'été précédent, à l'expédition de

Camerino, voulut les reprendre. La foule s'y opposa : les soldats, trop peu nombreux pour la contenir, battirent en retraite vers le château. Alors le gouverneur ne songea plus qu'à sauver la caisse. Quinze mules chargées de trésors purent s'échapper et aller jusqu'à Forli. Le lendemain, le château était emporté. Il n'avait coûté aux partisans de Guido que quatre hommes. L'émeute triomphait donc. Au début, une partie des révoltés tendait à la République plutôt qu'à l'ancien duc. Mais rapidement ils se rallièrent à l'ensemble des Urbinates. En trois jours, le duché tout entier était revenu à Guidobaldo.

Aux premiers bruits de la révolte, la Seigneurie de Venise se trouva prise au dépourvu. Les cris de « Saint-Marc ! », qui avaient retenti dès la première heure, semblaient l'impliquer dans une affaire où elle n'était point, et ne se souciait point d'être. Sans doute, une bonne révolution qui arracherait la Romagne à l'Église et la mettrait sous les griffes du lion de Saint-Marc n'était pas pour lui déplaire. Mais il fallait qu'elle réussît. Or celle-ci réussirait-elle ? Les Borgia étaient bien forts, le Roi de France était bien près, les temps sans doute n'étaient pas mûrs. Mieux valait s'exposer à désavouer un succès que d'être compromis dans un échec. Elle désavoua. « Je viens d'apprendre, écrit Machiavel, que le gouvernement vénitien, informé de la révolte du fort San Leo, en a instruit sur-le-champ l'évêque de Tivoli, envoyé du Pape, en lui assurant qu'il était très fâché de cette rébellion et des cris de Saint-Marc qui s'y étaient fait entendre. Il lui a protesté que le Sénat n'avait point envie de s'éloigner de la

France et du Saint-Siège, ni de retirer son appui au duc de Valentinois ou d'assister le duc Guido, auquel cette déclaration fut signifiée en présence de ce prélat. »

Venise disait, là, exactement le contraire de ce qu'elle pensait, mais le pauvre Guido n'en jouait pas moins un sot personnage. On prête à Louis XVIII ce mot : « Nous n'avons jamais été, mon frère et moi, entre les mains des Alliés que des mannequins politiques qui leur servaient à épouvanter les Français... » C'est un peu ce que Guido était aux mains des Vénitiens.

Mais il était aussi autre chose, que ne furent pas toujours les Princes exilés. Dès qu'il sut que ses partisans se battaient pour lui, avant même d'être fixé sur l'issue de la lutte, il partit. Prenant la voie de mer pour éviter les embûches de la montagne, il débarqua le soir même à Sinigaglia, chez sa sœur la Préfétesse, et, profitant de la nuit, entra dans les montagnes du Montefeltro. César, prévoyant sa venue, avait déjà pris les mesures nécessaires pour l'arrêter. Dans une proclamation aux habitants de Bertinoro, il annonçait l'arrivée possible de Guido et donnait ses ordres. On devait occuper immédiatement, en armes, tous les défilés de la montagne, arrêter quiconque tenterait de passer, et, en cas de résistance, le tuer. Dans cette proclamation, César se réclamait, comme toujours, de l'Étranger, de la France, contre le seigneur du lieu. « Guidobaldo n'est pas averti, disait-il, de la bonne intelligence qui règne entre Sa Sainteté le Pape et le Roi Très Chrétien de France » : de là lui venait son audace. Elle fut grande en effet. En passant par Sinigaglia, il avait déjoué les pièges de Borgia. Le 17 octobre, il arrivait à San Leo et, le lendemain, il atteignait Urbino, acclamé sur son passage par les villages et les châteaux qui avaient placé partout des tables, chargées de fruits et de victuailles pour le réconforter. Il n'avait avec lui que dix cavaliers, mais le pays entier lui faisait cortège.

Comme il approchait d'Urbino, la population en masse vint à sa rencontre, et ce ne fut qu'en fendant les rangs serrés de la foule qu'il put atteindre la cathédrale où l'évêque l'attendait, à la tête de tout son clergé, pour chanter un *Te Deum* d'actions de grâces. C'était très beau, mais l'effort fourni pendant ces derniers jours l'avait terrassé. Un accès de goutte au genou le mit au lit pendant quelque temps : c'est là qu'il recevait, nuit et jour, les Urbinates fidèles, « et bien qu'ils eussent perdu à la guerre un mari, un frère, un fils, ils se consolaient par le retour du seigneur. » « Je perdis, par le pillage, 25 ducats à Monte Calvi, dit l'un d'eux, et c'est la raison pour laquelle, cette année-là, je ne pus ensemencer, mais il me sembla que je n'avais rien perdu quand je vis mon seigneur et surtout quand je lui touchai la main, pour les caresses que me fit sa Seigneurie, que Dieu protège ! »

Le mouvement ne s'était pas arrêté à Urbino. Tandis que Guido débarquait à Sinigaglia, tout son duché s'était insurgé contre la domination étrangère. Les lieutenants de César, surpris par la soudaineté du coup, tentèrent d'abord de réagir, c'est-à-dire de châtier les populations qu'ils pouvaient atteindre afin de terroriser les autres. Dans la plupart des places fortes, le peuple était maître de la ville, mais la cita-

delle, la *rocca*, restait aux mains des hommes de Borgia.
A Pergola, Michele de Cordeglia, surnommé le Micheletto, vint au secours de la garnison, entra dans la ville
et la mit à sac. Précisément, c'était là qu'était détenu
le vieux et brave défenseur de Camerino, le fameux
Giulio Varano, prisonnier sous condition. Micheletto,
sur l'ordre de César, l'étrangla froidement, puis fit de
même de sa femme et de ses enfants. C'était un principe,
chez les Borgia, de ne jamais laisser en vie un rejeton
quelconque, un vengeur possible de celui qu'on avait
immolé. Comme il restait à Pesaro un enfant de Varano,
plus jeune encore, César le fit étrangler aussi, devant
l'église San Francesco. Par quel miracle l'enfant ne
succomba-t-il pas tout de suite? C'est ce qu'on ignore,
mais le fait est qu'après qu'il fut détaché, il donnait
encore quelques signes de vie. Des âmes charitables le
transportèrent à l'intérieur de l'église, où il semblait
qu'il fût en sûreté. Il l'était, si un frère espagnol, qui se
trouvait là, n'avait cru faire œuvre pie en le révélant.
Les bourreaux revinrent et achevèrent leur besogne.
De Pergola, Micheletto marcha sur Fossombrone,
parvint à y pénétrer, grâce aux intelligences qu'il avait
conservées dans la place, et la saccagea. « Les soldats,
dit un chroniqueur, y firent si grande cruauté que beaucoup de femmes, pour ne pas tomber entre leurs mains,
se jetèrent dans le fleuve, avec leur enfant pendu à
leur cou. »

C'était, là, tuer pour tuer et par amour de l'art. Au
point de vue militaire, rien de plus funeste, car pendant
que Micheletto et son compagnon espagnol Ugo de Moncade et aussi Bartolomeo de Capranica perdaient leur

temps à couper des gorges inoffensives, au lieu de se retrancher vivement dans Rimini ou dans Fano, comme l'eût voulu César, les Confédérés de la Magione agissaient. Dès le 10 octobre, les secours qu'ils envoyaient aux Urbinates commençaient à poindre. Le 11, les lances de Vitellozzo parurent à Castel-Durante, avec 400 fantassins arrivant de Città di Castello. Le 12, 5 000 hommes amenés par Pagolo Orsini et par le frère de Vitellozzo arrivaient à Cagli. En même temps, les gens de Gubbio, soulevés, envoyaient cavaliers et fantassins sous la conduite de Gentile Ubaldini.

Les Feltriens, se sentant soutenus, marchèrent de l'avant sur les troupes pontificales. Micheletto, ainsi pressé, se mit alors à reculer et refusa le combat jusqu'à Calmazzo, près de Fossombrone. Là, il fit tête. Mal lui en prit. Ses soldats, admirables dans le massacre et la bamboche, ne tinrent pas devant une troupe armée. Quoique supérieurs en nombre, car ils ne comptaient pas moins de mille hommes d'armes, ce qui fait beaucoup de monde, et de deux cents chevau-légers, ils furent entièrement défaits « sans que l'on vît mettre une seule lance en arrêt. » Quatre cents morts, dont Bartolomeo de Capranica, beaucoup de prisonniers, dont Ugo de Moncade, un bagage qui ne fut pas estimé à moins de 3 000 ducats, tel fut le bilan de cette journée, qui se termina par des chants de joie, une illumination aux flambeaux et détermina le sort de tout le duché. Micheletto put se sauver avec quelques troupes et se réfugier à Fano, mais non résister davantage aux Feltriens. Ensuite, Castel-Durante et Sant'Angelo in Vado envoyèrent leurs hommes jusqu'à Tavoleto, qu'ils prirent.

Les jours suivants, les troupes des Confédérés, peu à peu renforcées jusqu'à compter douze mille hommes, emportèrent les citadelles de Pergola et de Fossombrone, et se répandirent jusque dans les territoires de Fano, Pesaro et Rimini. Il restait encore un survivant de la tribu des Varano, Giovanni Maria, car les familles étaient en ce temps-là si nombreuses que les vendettas ne s'éteignaient pas aisément : il combattait dans l'armée de Guidobaldo et trouva le moyen d'entrer avec quelques hommes dans un des châteaux forts de sa famille et d'y soulever les habitants contre Borgia. Tout l'État de Camerino suivit. En peu de temps, de ses récentes conquêtes, sauf Sant'Agata, l'armée pontificale avait tout perdu.

Pendant ce temps, que faisait César? César négociait. Il s'était enfermé dans Imola, c'est-à-dire le plus loin possible du lieu où l'on se battait, et il confabulait avec Machiavel. Ce subtil partenaire lui était envoyé par Florence pour lui révéler ce qu'il savait déjà : le complot des Confédérés de la Magione, et l'assurer que la République, loin de se joindre à eux, lui offrait son appui. Il était surtout chargé de surveiller ses mouvements éventuels. A ce moment, on apprit la perte de San Leo. Machiavel épia, sur le visage du Valentinois, l'effet que produirait ce coup. Il en fut pour sa curiosité. L'autre ne broncha pas : on eût dit qu'il avait perdu une paire de gants ou un drageoir... Un duché de plus ou de moins, belle affaire ! D'ailleurs, qu'était-ce qu'Urbino? « Un État faible, sans défense », sur lequel il comptait peu. Enfin, il ne s'en inquiétait nullement, « n'ayant pas *oublié le moyen de le reconquérir, s'il venait à lui être enlevé.* »

*Tout cela n'était que façade.* Au fond, le duché d'Urbino était l'obstacle où il sentait, vaguement, pour la première fois, sa fortune hésiter, d'abord parce que c'était là où le Droit était le plus outrageusement violé, ensuite parce qu'il y avait, là, une force populaire qui agissait dans le même sens que le Droit. Pour mater cette force, il fallait des troupes, et précisément la défection de la Magione lui enlevait une bonne part de son armée et même la retournait contre lui. L'instant était critique. Au début, il put croire que les actes des Confédérés ne suivraient pas leurs résolutions. Ses capitaines espagnols et les troupes directement sous ses ordres lui restaient fidèles, et, lorsqu'elles incendièrent et saccagèrent Pergola et Fossombrone, *il* montra un visage épanoui. « Les constellations, cette année, ne semblent pas favorables à ceux qui se révoltent », dit-il gaiement à Machiavel. Mais quand arriva la nouvelle que *les contingents des Orsini et des Vitelli avançaient,* décidément, avec ceux de Guidobaldo, *et que Guidobaldo lui-même* était revenu dans ses États, il s'inquiéta un peu davantage. Enfin, la défaite de ses troupes à Calmazzo, la perte successive de ses châteaux forts au midi, au nord, à l'est, à l'ouest, et de ses alliés partout, lui firent voir que le temps des « galéjades » était passé et qu'il fallait aviser au plus vite.

Il avisa en politique réaliste et décidé. Il ne s'amusa point à vouloir tout retenir, les doigts écartés : il ferma le poing, au contraire, pour frapper plus fort. Il abandonna franchement le duché d'Urbino et tout ce qu'il ne pouvait défendre, et il concentra toutes ses armes sur les points de la Romagne où l'on réussirait le plus difficilement à le forcer. Enfin, il se mit à négocier pour gagner du temps, et employa le temps ainsi gagné à lever des troupes, afin de recommencer la guerre quand il se sentirait, de nouveau, le plus fort.

Comment être le plus fort? En s'assurant du concours des Français. Et comment gagner du temps? En persuadant à ses ennemis qu'ils n'avaient pas de meilleur ami que lui, et qu'ils n'étaient séparés que par des malentendus. Les Confédérés de la Magione étaient, d'ailleurs, trop nombreux pour être également irréconciliables et également avisés. Il y a, dans toute coalition, des éléments plus ou moins résistants. Et puis, qui dit « coalition » dit « composé », et le propre d'un corps composé, c'est de pouvoir être désuni. César poursuivit donc ce double but : dissocier ses ennemis et s'associer lui-même plus étroitement encore avec le Roi de France. Au reste, c'était la même chose, ceci étant la condition de cela. Du jour où les Confédérés seraient bien persuadés que les lances françaises viendraient au secours de Borgia, la coalition, ou tout au moins quelques-uns de ses éléments, faibliraient.

C'est ce qui advint. Au premier appel de « César Borgia de France, duc de Valentinois », Louis XII donna l'ordre au seigneur de Chaumont (Charles d'Amboise) d'envoyer 400 lances, c'est-à-dire 400 hommes d'armes avec leurs gens, à la rescousse de César, et de ne rien négliger pour rétablir ses affaires. Plus tard, devaient suivre des Gascons ; enfin, 3 000 Suisses consentaient à passer à sa solde.

Dès ce moment, on pouvait négocier. Les Confédérés, qui ne craignaient pas de se trouver en présence des troupes de César, — ils venaient de le prouver à Calmazzo, — ne se souciaient guère d'engager la lutte avec la France. Le souvenir de Fornoue dominait toujours la politique italienne. Il était donc désormais possible de défaire la trame ourdie à la Magione. Alexandre VI et César s'appliquèrent assidûment à ce travail de parfilage. Ils s'attaquèrent, d'abord, au lien le plus faible, à Pagolo Orsini, « *come cervello di non grande levatura* », dit un historien, et lui persuadèrent de venir trouver César à Imola. En retour et en otage, on remettait le cardinal Borgia, neveu du Pape, entre les mains des Orsini. César reçut Pagolo à merveille et lui tint les discours les plus flatteurs : il reconnaissait qu'il avait peut-être eu des torts, que sa puissance était en grande partie l'œuvre des Orsini et des autres Confédérés ; il n'avait peut-être pas fait pour eux tout ce qu'il aurait dû, mais, d'autre part, pourquoi le combattre? On aurait fort à faire si l'on prétendait venir à bout de lui. Les troupes du Roi de France arrivaient ; il allait reprendre l'avantage des armes. Le mieux serait donc de reconnaître leurs torts mutuels et de se réconcilier... Les Orsini seraient comblés de biens et d'honneurs. Alexandre VI promettait tout ce qu'on voulait. Pagolo fut gagné par César à Imola, tandis que le cardinal Orsini, à Rome, l'était par le Pape. Ils retournèrent à la Magione pour endoctriner les autres Confédérés, apportant des promesses à tous : aux Vitelli, aux

ÉLISABETH GONZAGUE, DUCHESSE D'URBINO,

Attribué à Mantegna et à Caroto (Florence, Uffizi).

Baglioni, à Liverotto da Fermo. Même Pandolfo Petrucci, le plus défiant de tous, envoyait Venafro à Imola, pour esquisser une réconciliation avec les Borgia.

Seul, Guidobaldo ne recevait pas d'avances de César, puisque c'était son duché, précisément, qui se trouvait l'enjeu de toutes ces tractations. Aussi, à peine restauré dans ses États, voyait-il avec mélancolie ses alliés se détacher de lui, un à un. A la vérité, Vitellozzo et les autres Vitelli lui restaient fidèles. Mais suffiraient-ils à combler le vide laissé par les Orsini? Les gens riches d'Urbino, ne prévoyant que trop aisément ce qui allait advenir, commençaient à déménager leurs objets précieux et allaient les enterrer au loin. Le peuple s'en aperçut fort bien, et il s'ensuivit une panique. Guido, ayant eu, là-dessus, un long entretien avec Vitellozzo et l'ayant trouvé fort hésitant, comprit qu'il ne devait plus compter que sur lui-même et son peuple. Il réunit les notables de la ville et les députés de tout l'État et leur exposa franchement la situation. Ils allaient rester seuls en face des Borgia et de la France coalisés... Fallait-il résister? La réponse des députés fut: « Oui, jusqu'à la mort! » et, le 19 novembre, les dames d'Urbino, notamment de la Valbona, ayant appris cette résolution, vinrent en foule, au palais, féliciter le Duc, affirmer leur foi en la victoire et jeter à ses pieds leurs bijoux, perles, anneaux, objets d'or et d'argent, pour aider aux frais de la guerre.

Les soldats étaient tout aussi affirmatifs. L'affaire de Calmazzo leur avait inspiré un profond mépris pour les gens de Borgia. Bien que réduits à Ottaviano Fregoso, à Jean de Rossetto et deux autres commandants et à 400 fantassins, ils assurèrent qu'avec les autres troupes feltriennes, ils pourraient tenir tout l'hiver contre l'armée pontificale, au moins à Urbino et à San Leo. Ils se retirèrent donc dans ces deux places. Jean de Rossetto envoya sa famille à San Leo en sûreté et l'on se prépara décidément à la résistance.

Le Valentinois, qui n'ignorait rien, n'ignora pas cette résolution. Il comprit, dès lors, que la popularité de Guido serait un grand obstacle à une seconde conquête par les armes et qu'il valait mieux négocier, aussi, avec lui. Il lui envoya donc Pagolo Orsini, flanqué du protonotaire apostolique Antonio de Monte San Savino, dont il comptait faire un gouverneur d'Urbino, porteurs des propositions suivantes : Oubli complet du passé ; les populations ne seraient jamais inquiétées pour faits de guerre ; nul ne serait tenu de loger un homme, ni un cheval ; Guido conserverait quatre forteresses du Montefeltro : San Leo, Majuolo, Sant'Agata Feltria et Saint-Marin, avec licence d'y porter tout ce qu'il voudrait. On eût désiré traiter de ces choses avec lui en personne, à un rendez-vous dans un village, à quelques lieues d'Urbino, mais un violent accès de goutte l'empêcha d'y venir. Sur ces entrefaites, une conférence était tenue entre les partisans de César et Liverotto da Fermo et le duc de Gravina, qui se rallièrent à l'idée d'un accommodement, puis avec Vitellozzo qui s'y rallia aussi. Guido se voyait donc abandonné de tous, hors des Baglioni. S'il eût été en état de monter à cheval et de se mettre à la tête de ses vieux Feltriens, peut-être eût-il résisté, — mais accablé de souffrances, toujours en litière, il n'avait plus une âme assez « guerrière » pour « être maîtresse du corps » qu'elle animait. Entre César qui n'était jamais là où l'on se battait et Guido qui n'était plus en état de se battre, le duel ne pouvait être que diplomatique. Et le duc d'Urbino combattu par le Pape, combattu par le Roi de France, abandonné par les petits princes italiens, et par les deux Républiques, ne pouvant plus faire qu'une guerre de guérillas, ruineuse pour son petit État, voyait bien que la victoire diplomatique appartenait aux Borgia.

Il fallait donc céder à la force : il céda, mais non sans jouer à celui qui le chassait de ses États pour la seconde fois un tour de sa façon, qu'on n'eût pas attendu de sa longue mine triste et qui enchanta Machiavel. Il y avait, alors, dans chaque ville, ce qu'on appelait une *rocca*, c'est-à-dire un château fort, ou bastille, qui la dominait et qui servait au seigneur bien moins à la défendre contre l'ennemi qu'à se défendre lui-même contre elle, s'il était besoin de tenir la populace en respect. Guido décida de les démolir, estimant que la meilleure forteresse pour un prince était « l'amour de son peuple » et que, l'ayant, il n'avait pas besoin d'en avoir d'autre, tandis que l'usurpateur, n'en ayant point d'autre, serait fort penaud d'en être privé.

Inutile de dire si les populations se ruèrent joyeusement à cette œuvre de nivellement démocratique. Il eût fallu des mois, sans le concours du peuple, pour désunir ces formidables pierres. Grâce à ce concours, quelques jours suffirent. Toutes les bastilles du duché d'Urbino tombèrent comme par enchantement et ne se relevèrent

**jamais.** Aujourd'hui, quand on promène son loisir et sa pensée dans ces petites cités où l'on trouve des modèles de toutes les finesses ornementales et de toutes les passions humaines, par exemple, à Gubbio, quand on traverse les chaudes et lumineuses solitudes du Palais ducal, c'est à peine si quelques vestiges de murs rappellent que, là-haut, derrière le palais, accrochée à la montagne, se dressait autrefois une *Rocca* redoutable : celle-là même qui, au temps des luttes du grand Federigo de Montefeltro, brisa l'effort des Malatesta et de Carlo Fortebracci... Guido a été bien obéi : tout a disparu.

Comme on le peut aisément supposer, il ne démolit pas ses propres forteresses, celles que son traité avec César lui conservait, San Leo, Majuolo, Sant' Agata Feltria, Saint-Marin : il les fortifia au contraire et y logea toute son artillerie, ses meubles précieux et ses trésors, pensant bien que César déchirerait ses engagements dès que faire se pourrait et tenterait de les lui reprendre. En attendant, il fit ses adieux à son peuple, et au milieu des larmes, le 8 décembre au matin, il s'en fut à Città di Castello, chez son ami l'évêque Vitelli, pour se reposer et voir venir les événements.

Ce furent d'étranges événements qui vinrent. Même dans ce temps où l'on s'attendait à tout, ils dépassèrent tout ce qu'on attendait. Après deux semaines de négociations assez confuses avec César, qui revenait encore sur son idée de séparer Guido de sa femme et d'en faire un cardinal, un silence se fit : on n'entendait plus parler de rien, sinon du départ du Valentinois pour la région de Sinigaglia et de la prise de Sinigaglia par les Confédérés pour le compte de César. Puis, une terrifiante nouvelle, le 5 janvier, atteignit Città di Castello : César, une fois réconcilié avec les Confédérés, les a tous fait assassiner.

Comment cela s'était-il fait? Un peu comme, quelque quatre-vingts ans plus tôt, l'assassinat de Jean sans Peur au pont de Montereau, mais avec un luxe de précautions et un raffinement de cruauté qui mettent le Valentinois bien au-dessus de tous ses prédécesseurs dans l'ordonnance du crime. Au pont de Montereau, il y avait eu, sans doute, guet-apens et violation de la foi jurée, mais sous forme d'agression et de massacre : la chose avait été brutale, rapide, un peu guerrière encore, — et la sauvagerie répugne moins à notre conscience moderne que la duplicité. A Sinigaglia, c'est au milieu de caresses, de compliments, et sous couleur de rendre les devoirs de l'hospitalité à d'anciens amis heureusement retrouvés, que César leur avait tordu le cou. Les Confédérés réconciliés avec lui venaient de conquérir, pour son compte, Sinigaglia, sauf la citadelle, qui ne voulait se rendre qu'à César en personne. Il les avait donc priés de l'attendre pour entrer avec lui dans la ville, « leur représentant qu'il était impossible que le traité qu'ils avaient fait ensemble subsistât longtemps, s'ils continuaient à lui montrer tant de défiance, et que son intention était de se servir à l'avenir des conseils et de la valeur de ses amis. »

Pour les mieux engeigner, il avait, publiquement et à grand bruit, renvoyé les troupes françaises, ses alliées, sauf cent lances, et en même temps, silencieusement et par petits paquets, disposé et réparti ses troupes à lui,

considérablement renforcées, dans les environs de Sinigaglia. Une adroite concentration devait les amener, à
point nommé, le 31 décembre en nombre très supérieur
aux troupes des Confédérés. Cela fait, il s'en vint de
Fano, avec ses hommes d'armes et son infanterie offi-
cielle, pour entrer dans la place. C'est là que Vitellozzo
Vitelli, deux des Orsini : Pagolo et le duc de Gravina,
enfin Liverotto da Fermo étaient invités à le rejoindre.
Ils étaient venus un peu comme des chiens qu'on
fouette, mais enfin ils étaient venus. Au dernier
moment, en voyant autour de leur ancien ennemi beaucoup plus de troupes qu'ils n'avaient supposé, ils
avaient bien eu comme une velléité de retraite, mais,
moitié respect humain, moitié confiance en des engagements solennels, gagnés par les courtoisies et les
chatteries du Maître, chacun d'eux encadré par deux
âmes damnées chargées de l'amuser et de lui dissimuler
les jalons suspects de la route, ils étaient entrés dans
Sinigaglia. Une fois là, on les avait arrêtés : d'eux d'entre
eux étaient étranglés sur-le-champ, deux autres laissés
en vie, mais pour peu de temps. Au même moment, à
Rome, Alexandre VI faisait venir au Vatican et arrêter
le cardinal Orsini, et en même temps, l'archevêque de
Florence et le seigneur de Sainte-Croix, et le monde
diplomatique comprenait fort bien qu'il était résolu,
*in petto*, à les faire mourir. Voilà ce que César faisait des
traités qu'il venait de signer et dont l'encre était à
peine séchée.

En apprenant ces nouvelles, Guido jugea qu'il fallait
mettre au plus vite de la distance entre lui et les troupes
pontificales et tirer pays. Mais où aller? Venise était

bien loin et la voie directe interceptée. A défaut de
Venise, il y avait alors, à Pitigliano, près du lac de
Bolsène, un condottière des Vénitiens, le comte Niccolo
Orsini, couvert par la protection de la Seigneurie et qui
lui donnerait volontiers asile. Il quitta donc Città di
Castello, en compagnie de l'évêque Vitelli son ami, peu
rassuré lui-même sur les intentions de César, et gagna
Pitigliano. Mais l'asile n'était guère sûr. Il n'était pas
plus tôt arrivé que le Pape demandait qu'Orsini lui
livrât le fugitif. Le bouclier de Saint-Marc était bien
lointain, l'épée du Pape était bien proche. Le duc se
résigna donc à repartir, malgré les accès de goutte qui
le torturaient sans cesse, et cette fois vers le Nord
pour tenter de gagner Mantoue.

Il aurait voulu faire une partie du voyage par mer et
s'embarquer vers Talamone. Mais il ne put trouver un
brigantin. Force lui était donc de reprendre la route
des montagnes. Il la prit. Comme il atteignait Montefiore, le comte du lieu lui dépêcha son secrétaire pour
l'accompagner. Chevauchant toute la nuit, ils lon-
gèrent les murs de Sienne : ces ceintures crénelées de
villes moyenâgeuses sont charmantes à voir dans un
clair tableau de Primitif, jetées comme un chapelet
de tourelles sur le coussin inégal des collines, mais au
mois de décembre, et la nuit pour le fugitif, anxieux
des embuscades, elles prenaient un autre aspect. Guido
cependant passa sans encombre et trouva des chevaux
de poste à Bonconvento. Mais, là, les difficultés de la
première fuite recommençaient. Il est vrai que, cette
fois, il n'avait pas à traverser les cordons de troupes
de César, mais il ne pouvait éviter le territoire de Flo-

rence, et Florence avait momentanément lié partie avec César. Que feraient les Florentins, s'il venait à tomber entre leurs mains?

Précisément, le Valentinois avait avisé. Causant avec Machiavel, il avait demandé, comme la chose la plus naturelle, qu'on lui livrât Guido, s'il cherchait refuge sur le territoire de la République. L'énormité de l'exigence avait révolté le secrétaire florentin. Malgré son admiration éperdue pour César, il avait déclaré que la dignité de la République ne lui permettait pas de faire cela. Sur quoi, César se repliant en bon ordre et entrant dans les vues de son compère, avait borné sa requête à ce que, du moins, on arrêtât Guido s'il mettait le pied en Toscane et qu'on ne lui rendit pas la liberté sans son assentiment. Guido ignorait, sans doute, cette négociation, mais il n'était pas besoin d'une grande perspicacité pour la prévoir.

Il y avait donc danger à entrer en territoire florentin : il y entra cependant, mais sans le secrétaire de Montefiore qui n'osait aller plus loin. Le voilà donc seul, avec ses valets, torturé par la goutte, à demi perclus, au cœur de l'hiver, en pays peut-être hostile. Au début, les choses vont assez bien, mais arrivé à Fucecchio, près de l'Arno, on l'arrête. Un commissaire de la République est là, qui lui fait passer un interrogatoire et, se contentant de ses réponses, le laisse passer. Mais à quelque distance de là, nouvel embarras : un autre poste de garde aux ordres d'un comte de l'endroit, auquel il faut décliner ses qualités : il peut passer encore. Enfin, en arrivant à Monte-Carlo, troisième barrage définitif. On ne passe plus du tout : ordre d'arrêter tout voyageur.

Photo Hanfstaengl.

Pl. 6, p. 64.

LE DOGE LÉONARD LORÉDANO.
Par Bellini (National Gallery).

Il faut dire, devant un commissaire de la Seigneurie, ses noms, qualités, ce qu'il vient faire dans les États de Florence. Sa réponse est prête : il est Gian Battista, de Ravenne, courrier de la maison du Cardinal de Lisbonne. C'est fort bien, mais on ne peut, ici, statuer sur son sort. Il faut qu'on en réfère à Florence.

Le voilà donc arrêté, fouillé, ses bagages confisqués, enfermé dans une pièce sans lit et sans feu tandis que le courrier part pour la capitale. Il a le loisir de songer à tous ceux que la trahison ou la lâcheté des neutres a livrés à César Borgia. Ils sont nombreux. En va-t-il accroître le nombre ? Il ne se sent pas, non plus, vis-à-vis des Florentins, la conscience tout à fait à l'aise. Il a été autrefois leur condottière et, sur une réquisition violente du Pape, — le même qui le persécute aujourd'hui, Alexandre VI, — il s'est retourné contre eux... Il est vrai que sa *condotta* touchait à son terme... Il s'était trouvé pris entre deux devoirs : il avait cru bien faire en faisant passer premier son devoir de feudataire de l'Église. Mais les Florentins, aujourd'hui, qu'en penseront-ils ?

Les *Dix* de Florence, pendant ce temps, se consultaient discutaient, enfin, dépêchaient un commissaire avec quinze archers, pour aller vérifier l'identité du voyageur. Ce commissaire, un certain Francesco Becchi, avait vécu jadis à Urbino : il connaissait fort bien le Duc. Il arrive, il le regarde attentivement et déclare : « Je ne le connais pas », ce qui permet de croire qu'on se trouve bien en face d'un courrier du cardinal de Lisbonne et il retourne à Florence. Les *Dix* s'assemblent et délibèrent de nouveau. Que se passe-t-il dans ces têtes ?

Autant vaut le demander aux têtes de marbre jauni, assemblées au *Bargello* : à cet extraordinaire buste lippu, prétendu de Machiavel, ou à celui du vieux Strozzi, au Louvre... Florence était l'alliée de César, mais Florence évoluait. Du jour où il ne paraissait pas très certain que César vînt à bout de ses ennemis, la Seigneurie ne trouvait plus les ennemis de César si détestables. Et puis, on n'est pas responsable de tous les passants : il y a des ressemblances si surprenantes ! Toujours est-il qu'un courrier apporte un avis favorable à Guido : il doit jurer qu'il est bien le personnage qu'il dit être. Il le jure : il est libre, ses bagages lui sont rendus. Sa détention avait duré sept jours.

Cette alerte devait être la dernière. Bientôt, il arrivait chez des amis à Lucques et, de là, par la Grafagnana, il atteignit les bords du Pô. La zone dangereuse était passée. Seuls, désormais, les éléments étaient à craindre. Monté dans une petite barque, il descendit le fleuve. Il débarqua, enfin, à Polesella, d'où il gagna Rovigo ; il était désormais sous la protection de Venise.

Pour s'en bien assurer, il écrivit au Doge. C'était, en ce temps-là, Leonardo Loredan, celui que Bellini a peint, face parcheminée de vieille femme dans un serretête de fine batiste, et dont l'exact portrait fait la gloire de la *National Gallery*. Il lui expédia ce message : « Ceci est seulement pour faire savoir à Votre Excellence Sérénissime qu'après avoir enduré des dangers et des fatigues infinis, je suis de retour par la grâce de Dieu, sain et sauf, dans le territoire et les possessions de Votre Sérénité et que j'ai été reçu et salué très affectueusement par le magnifique messer Gian Paolo

(Gradenigo, gouverneur général de Rovigo), et, s'il plaît à Dieu, je pense être sans tarder à Venise, où je me considère comme dans ma patrie. J'ai cru bon d'avertir de tout ceci Votre Sérénité à laquelle je me recommande toujours. De Rovigo, le 27 janvier 1503. Votre serviteur Guido, duc d'Urbino, *manu propria*...»

Il se mettait en route après sa lettre et, quatre jours après, il était officiellement reçu par la Seigneurie. Tandis que sa gondole se rangeait à quai et qu'il mettait pied à terre, on vit s'avancer vers lui, comme dans les tableaux de Carpaccio, les délégués des Quarante et les Sages des Ordres, pour lui souhaiter la bienvenue. Une foule immense bordait les quais. Elle voulait jouir de ce spectacle, où elle retrouvait, comme au naturel, une scène de l'Enfant Prodigue : des vieillards imposants, en costumes cramoisis ; un jeune voyageur qui revenait sans avoir pu changer en sceptre son bâton de voyage, dénué de tout, amaigri, épuisé ; un accueil somptueux et paternel. On se salua. Après les premiers compliments échangés sur la place Saint-Marc, le **Duc**, aidé par Sanuto qui lui offrait l'appui de son **bras**, gravit péniblement les marches de l'escalier célèbre. Il fut introduit dans la salle du Conseil et s'assit auprès du Doge. Le fin profil de Loredan, aux lèvres serrées, au menton pointu, celui-là même qui apparaît aux pieds de la *Vierge*, dans la peinture de Catena, à la salle *dei Capi* au Palais des Doges, doubla le profil assez semblable de Guido, tel qu'on le voit aux pieds de **la** Vierge dans le tableau de Timoteo Viti, à Urbino. Cette réception prouvait une fois de plus au monde que Venise savait, pour la défense du Droit, braver toutes les Puissances du continent, lorsque la défense du Droit coïncidait avec son propre intérêt.

Les sénateurs étaient curieux d'entendre le proscrit. Ils le prièrent de leur raconter son histoire. Alors il parla. Il dit les longues marches à pied, les hasards, les embûches de la route, les nuits d'hiver dans l'Apennin, les hautes murailles frôlées silencieusement, les figures des sbires entrevues aux torches à chaque barrière, le miracle constant d'une protection invisible... Et il termina par une action de grâces. « Il lui semblait, maintenant, qu'il était revenu à son foyer. N'ayant plus ni puissance, ni richesses, il ne pouvait rien offrir à la Seigneurie, mais tout ce qui lui restait, c'est-à-dire sa personne, était à elle jusqu'à la mort... » Le Doge, touché de ces infortunes, répondit qu'il le félicitait d'avoir échappé à tant de périls, et « qu'il en ressentait plus de plaisir que si c'était son propre fils qui avait échappé au naufrage... » Le retour à pied jusqu'à la gondole fut accompagné du même cérémonial que l'arrivée. Et Guido, salué par le peuple, s'en revint, à travers les canaux bordés de têtes curieuses, jusqu'au Canareggio, à la maison Malombra, où il allait vivre, désormais, avec une pension honorable de cent *scudi* d'or.

Ainsi se terminait sa seconde fuite devant une seconde invasion. Venise, une fois encore, accueillait le voyageur que repoussaient les cités de la « terre ferme ». Une fois encore, elle lui offrait le rempart de ses eaux, le trésor de ses beautés, la consolation de ses mirages. Certes, pour toute tristesse et à toutes les étapes de la vie, c'est l'hôtellerie discrète et somptueuse, celle où l'âme glisse le plus voluptueusement aux profondeurs de l'oubli. Mais, aux yeux fatigués du proscrit, quelle splendeur ! A l'oreille inquiète du fugitif, quel repos ! Guidobaldo ouvre ainsi, dans l'histoire, la marche des pèlerins de Venise. Il est le patron de ces âmes meurtries qui, au cours des siècles, sont venues endormir leurs blessures au bercement de sa lagune ou y retremper leurs ailes pour un nouvel essor.

Mais y aurait-il un nouvel essor? La puissance de César semblait, cette fois, bien solide. Instruit par l'expérience, il prenait les meilleurs moyens de durer. Son administration à Urbino devenait plus douce. Il avait dit, tout d'abord, que, s'il avait perdu cet État, c'était « par trop de douceur » : c'était exactement le contraire de la vérité. Et il prescrivit, de plus en plus, la modération. Cette attitude lui concilia quelques partisans. L'exil recommençait donc pour Guidobaldo, implacable et sans espoir. Les jours succédaient aux jours sans grand changement : une saison de bains aux boues chaudes d'Albano était sa distraction principale.

Pourtant, les nouvelles de la « terre ferme » n'étaient pas toutes mauvaises. A Urbino, la révolution fermentait toujours. Il fallait changer constamment le gouverneur. Une suggestion d'envoyer des ambassadeurs à Rome, pour assurer le Pape du loyalisme des Urbinates, avait tourné de façon ridicule. Les ambassadeurs craignaient d'être retenus comme otages : ils se récusaient l'un après l'autre. On avait dû en enfermer quelques-uns dans le donjon de Cesena, pour leur donner le goût des voyages. Le peuple des cam-

**pagnes** aussi restait fidèle, surtout dans le Montefeltro. Naturellement, César, violant ses engagements, avait tenté de reprendre les *rocce* laissées à Guido. La forteresse de Majuolo, l'obélisque jumeau de San Leo, était tombée, mais San Leo tenait toujours. L'intrépide et savant Fregoso, rembûché dans ce repaire avec quelques Feltriens de vieille roche et de grosses pièces d'artillerie, défiait les forces du Pape et de la France conjuguées. Elles étaient pourtant commandées par un des plus habiles lieutenants de César, l'Espagnol Remires. Quant au Roi de France, il avait tellement épousé la cause des Borgia, qu'il avait détaché de son armée, c'est-à-dire perdu pour son expédition de Naples, huit cents Gascons, dont il aurait eu grand besoin. Ces gaillards étaient venus camper autour de l'âpre citadelle, logeant chez l'habitant, épouvantant les familles, humant le piot, pourchassant le poil et la plume, odieux.

Cependant le siège n'avançait pas. Au contraire, les assiégés jouaient mille tours à leurs persécuteurs. Un jour de tempête noire, où des torrents d'eau submergeaient le rocher, Brizio, le vétéran qui avait surpris San Leo, et son ami Marzio parvenaient à descendre de la citadelle et à traverser les lignes des assiégeants sans être vus, et ils gagnaient Mantoue pour tâcher d'en obtenir quelque renfort. Ils échouaient dans leur entreprise, ne pouvant décider que vingt-cinq hommes à les suivre. Mais ils revenaient avec cette petite troupe au pied du rocher et se présentaient au chef de l'armée franco-pontificale, comme gens désireux de s'enrôler à la solde des Borgia. Ils étaient inconnus : on les accepta, et ainsi on leur donna le moyen de s'approcher de la citadelle. Ils s'en approchèrent si près qu'ils s'en firent reconnaître et y rentrèrent joyeusement.

Un autre jour, tandis que les Gascons attendaient que Fregoso voulût bien se rendre, des nuées de paysans descendus des montagnes environnantes tombèrent sur eux, au lever de l'aube, les surprirent séparément chez l'habitant, en égorgèrent un bon nombre et dispersèrent le reste. Alors Remires en vint aux grands moyens : comme les défenseurs de San Leo avaient dû laisser au dehors leurs familles, il fit arrêter et conduire à Urbino leurs femmes et leurs sœurs, les menaçant des pires traitements si les hommes ne se rendaient pas. Puis il se retrancha derrière une colline avec toute l'artillerie dont il disposait et se mit à battre les murs, espérant faire brèche. Mais ce fut en vain. Les grosses pièces de Fregoso répondirent et détruisirent, en un instant, vingt bombardes pontificales. Dans ce duel entre le lettré et le soudard, c'est le lettré qui se révéla le meilleur artilleur. Tout cela éternisait la lutte. « On peut monter à San Leo, » dit Dante, mais il le dit comme le dernier degré du possible, immédiatement avant l'impossible. En fait, ni le « mulet chargé d'or, » ni le soldat couvert de fer n'y purent entrer. Sur le mont du saint ermite et de Jupiter Feretrius, l'aigle des Montefeltro planait toujours.

En recevant ces nouvelles, Guidobaldo reprenait espoir. Il saisissait sa bonne plume et écrivait à ses fidèles des lettres d'encouragement. C'est peu de chose qu'une lettre de Prétendant, quand on sait que le Prétendant ne la suivra jamais : c'est beaucoup quand il a prouvé qu'il est homme à paraître, à l'improviste, dans la bagarre. Malgré la bonne garde que faisaient autour de la ville les soldats de Borgia et ses innombrables espions, les messages de Guido touchaient ses sujets. La conspiration couvait toujours. En apparence et pour l'étranger, que César endoctrinait avec une imperturbable assurance, la paix régnait dans les Marches et les Romagnes, et l'État d'Urbino était solidement enchaîné à la barque de Saint-Pierre. En réalité, il ne tenait qu'à un fil.

# CHAPITRE III

# LE RETOUR

LES choses en étaient là, lorsqu'une nouvelle inattendue, quoique escomptée par les nombreuses victimes des Borgia, éclata comme un coup de tonnerre répercuté dans toutes les montagnes, roulant le long des Apennins, gagnant les plus lointaines cités, en passant par-dessus certaines zones de silence, et alla expirer dans la tranquille atmosphère de Venise et de ses lagunes : Alexandre VI était mort, César Borgia était mourant ! A quel mal subit le Pape avait-il succombé : était-ce du poison qu'on lui avait préparé ? Était-ce du poison qu'il avait préparé lui-même pour un autre ? Était-ce de la *malaria*, tout simplement dans ce mois d'août « fatal aux hommes obèses », comme il venait de le dire lui-même, quelques jours auparavant en voyant passer un convoi funèbre... Après quatre siècles écoulés, on n'en sait rien encore. Mais ce qu'on savait fort bien, quatre jours après, dans toutes les villes d'Italie, c'est qu'il était mort. C'est le 17 août au soir qu'il avait succombé : le 22, la nouvelle pénétrait dans Urbino, revenant de Venise, et était répandue dans le peuple par les émissaires de Guidobaldo malgré tous les efforts du gouverneur pour les en empêcher. Ce gouverneur, un ancien président du tribunal de la Rote, homme mansuet, avait manœuvré de son mieux. Averti avant tout autre, il avait fait appeler les notables de la ville et, tout en leur annonçant que le Pape était fort malade, il les avait mis en garde contre d'excessifs espoirs et des actes prématurés. Le Pape pouvait mourir, c'est vrai ; mais, le duc de Valentinois étant toujours capitaine général de l'Église, à la tête d'une forte armée, allié du roi de France, en possession de nombreuses forteresses, demeurait aussi puissant que jamais. De plus, étant assuré de quarante-trois cardinaux, créatures ou alliés de son père, il ne pouvait manquer de faire un Pape de sa façon. Ainsi, la prudence commandait de lui rester fidèle. La gratitude le conseillait aussi. On devait lui rendre à lui, gouverneur, cette justice qu'il avait tout fait pour que le joug des Borgia parût le plus doux possible. Il demandait donc aux Urbinates de l'aider à maintenir l'ordre, s'il venait à être troublé par la populace, et, pour cela, il allait leur rendre toutes leurs armes confisquées.

C'était parler d'or, mais autant eût valu jeter des sequins à une mer démontée... Les notables eussent hésité encore : le peuple n'hésita pas. En un clin d'œil, de toutes les maisons, dans ce dédale de ruelles obscures qui font de la cité d'Urbino une montagne à escalader de toutes parts, sortirent des hommes en armes, décidés à faire payer cher aux soldats de César la tyrannie du maître. Les enfants mêmes couraient criant : *Guido !* ou : *Feltro !* « Espions ! Rebelles ! Traîtres ! » Tels étaient les compliments dont on saluait les Borgiesques, et on les égorgeait aussitôt. Leurs maisons étaient envahies et saccagées. Le gouverneur put s'enfuir jusqu'à Cesena ; mais son lieutenant, un certain Scaglione, qui n'avait pas fait preuve du même esprit de conciliation, demeura sur la place massacré sans pitié. Le même jour, Remires, sentant tout le Montefeltro révolutionné autour de lui, levait le siège de San Leo, et, du Nord au Midi, de l'Est à l'Ouest, le duché acclamait le nom de son ancien seigneur. Il n'avait qu'à revenir.

Il revint, sans tarder plus qu'il ne fallait, pour prendre congé de la Seigneurie Sérénissime. Celle-ci, jugeant cette fois que la restauration feltrienne avait les plus grandes chances de succès, n'hésita pas à miser sur son jeu. Elle lui avança 4 000 ducats et lui promit des troupes, si besoin était. Après avoir dépêché un courrier à Fregoso, pour l'engager à s'en aller mettre de l'ordre à Urbino, où il supposait bien qu'il y aurait des troubles, le proscrit remonta dans sa gondole et reprit la direction de la « terre ferme ».

Le 27 août, il arrivait à San Leo ; le lendemain, il repartait pour sa capitale, où le peuple entier, soulevé par un même enthousiasme, se précipitait à sa rencontre. Des essaims d'enfants accouraient, agitant des branches d'olivier, chantant le « très heureux retour » du souverain ; arrivaient ensuite d'un pas tremblotant les vieillards qui pleuraient de joie, les hommes, les femmes, les mères avec leurs bébés, une foule de tout âge et de toute condition pêle-mêle. « Les pierres mêmes semblaient exulter et bondir », dit un témoin, sauf celles où les gamins étaient grimpés pour effacer consciencieusement, partout où elles avaient été peintes, les armes des Borgia. Guido recueillait, en ce moment, le fruit de toutes les peines que les Montefeltro avaient prises pour leur petit peuple. C'était le retour du roi d'Yvetot. Deux vieillards de quatre-vingts ans que l'âge avait rendus presque aveugles, voulant être bien sûrs de sa présence, se faisaient conduire vers lui, criant : « Attendez, Seigneur, attendez, nous voulons vous toucher ! » Un autre lui portait son fils et lui disait « des choses à faire pleurer les marbres les plus durs. »

De retour dans son palais, vidé de ses trésors par Borgia, mais plein d'amis, le duc vit défiler devant lui « toutes les dames de la ville et des environs, les plus nobles et les plus belles, précédées d'un tambourin, en signe d'allégresse. Même les dames du plus haut rang dansèrent dans la rue, » aux sons de cet instrument, qui fait mieux sans doute dans les hauts-reliefs de Luca della Robbia qu'aux oreilles délicates. Pourtant ne le plaignons pas trop : ce qui dansait ce jour-là devant lui, c'étaient les figures mêmes qui devinrent divines après avoir été regardées par les yeux de Raphaël.

Pendant tout cela, que devenait César? Le bruit de sa mort avait couru un peu prématurément. Il n'était pas mort, mais, dans l'opinion unanime, il était enterré. L'homme qui, avec les forces du Pape, ne contenait qu'à grand'peine la population d'Urbino et n'avait même pas pu réduire San Leo, ne semblait plus redoutable, privé de l'appui pontifical. Sans doute, on pensait qu'il réagirait encore : il n'avait pas perdu tous ses partisans, et le coup qui le frappait avait tant de fois été escompté qu'il avait dû prendre des mesures pour y parer. Et, en effet, il en avait pris. Mais ces mesures supposaient qu'au moment du danger il serait en état d'agir : or, sa maladie, survenant en même temps que la perte d'Alexandre VI, l'en empêchait. — « J'avais tout prévu, sauf cela », dira-t-il plus tard, témoignant ainsi de peu d'esprit philosophique, car, les prévisions de l'homme étant limitées et les combinaisons des choses infinies, il est vain de croire qu'on les a toutes prévues moins une, pour cette raison qu'une seule arrive de toutes celles qu'on n'avait pas prévues.

La philosophie n'était pas son fort : la décision, aussi, lui manqua. Malgré son énergie et la fidélité de quelques partisans qui sentaient, à l'idée de sa chute, leur tête vaciller sur leurs épaules, César ne parvenait pas à remonter le courant contraire des événements. Il se perdait en efforts multiples et contradictoires. Le 22 septembre, les cardinaux, secouant son joug, nommaient un Pape qui n'était point de ses amis : — « il sera juste l'opposé d'Alexandre VI », disait Ghivizzano, — et, ce vieux Pape étant mort quelques jours après, la tiare échéait au cardinal Giuliano della Rovere, qui était depuis longtemps son ennemi. César, qui ne s'y était pas résolument opposé, qui y avait même contribué au dernier moment, se jetait de lui-même dans la gueule du loup.

Au contraire, pour Guidobaldo, c'était le retour le plus complet qu'il pût souhaiter de la fortune. Le nouveau Pontife était le beau-frère de sa sœur, l'oncle de son héritier et son protecteur naturel. Aussi, ne fut-il pas très surpris, tandis que, pour expulser les derniers partisans des Borgia, il s'occupait au siège de Verucchio, d'apprendre que le nouveau Pape, Jules II, le mandait à Rome. L'affaire pressait, semble-t-il, et ne souffrait pas de retard. Il partit aussitôt pour le Sud, et après s'être arrêté à Urbino, le temps de rendre grâces à Dieu et de voir son peuple, il s'achemina, par la via Flaminia, vers la Ville Éternelle. Il était en petit équipage, mais les pensées qui le précédaient embellissaient l'horizon. Il refaisait, malade, épuisé, mais triomphant, la route que César avait faite un an et demi auparavant pour venir le chasser de ses États et lui tordre le cou. Le 20 novembre, au soir, il arrivait à Ponte-Molle, au lieu même où Constantin avait défait Maxence. Cette terre d'Italie, toute chargée d'histoire, a des préfigurations pour toutes les péripéties, des présages pour tous les destins. Comme il se sentait recru de fatigue et mal vêtu, il ne se souciait pas de se montrer publiquement dans Rome. Il méditait de s'y faufiler, de nuit, lorsque des gens du Pape venus à sa rencontre l'arrêtèrent. Jules II ne l'entendait pas de cette oreille. Une victime des Borgia revenant en triomphe, c'était un spectacle dont on ne pouvait priver les Romains. Il fallait faire une entrée solennelle. Mais l'acteur principal n'avait pas de costume !... Qu'à cela ne tienne ! On lui apportait un pourpoint brodé d'or, et une mule, harnachée de velours violet, avec bordure dorée de toute beauté, était mise à sa disposition. Pas de cortège !... Il aurait, pour l'accompagner, la Maison du Pape et le capitaine de sa garde. Il dut céder à ces instances.

Ce fut donc le lendemain, en plein jour et aux salves répétées de toute l'artillerie du fort Saint-Ange, que le duc d'Urbino fit son entrée dans la Ville Éternelle,

mais changeante, où, deux mois avant, il eût été infaill-
liblement pendu. Guidé par le maître des cérémonies,
il se dirigea vers la maison d'un certain Mario Merlini,
où l'on avait accoutumé d'héberger les hôtes de dis-
tinction qui n'avaient pas leurs appartements au Palais.
Mais c'était une fausse manœuvre. Le Pape, qui ne
l'avait pas compris ainsi, l'attendait en personne,
entouré de ses cardinaux au pied de l'escalier du Vatican. Ne le voyant pas venir, il se mit dans une de ces
colères qui sont restées légendaires et l'envoya chercher. Il fallut que le malheureux voyageur, fourbu de
tant d'honneurs, se remît en selle, la nuit tombée, aux
torches, pour redescendre devant les degrés pontifi-
caux, et recevoir, toute la nuit, les congratulations du
Sacré Collège, car « quiconque, dit un chroniqueur,
voulait être dans les bonnes grâces du Pape, faisait sa
cour au Duc. »

Jules II ne s'en tint pas là. Il était l'ami de Montefeltro et le vengeur de ses disgrâces ; mais il ne l'avait
pas fait venir uniquement pour le donner en spectacle et
être désagréable aux Borgia. Il entendait bien en tirer
mouture. L'ancien proscrit, que Venise avait accueilli
aux jours les plus sombres et qu'elle protégeait ouver-
tement depuis quelque temps, devenait une force.
Non seulement il avait recouvré son duché, mais il
venait d'entrer au service de la République. Il tenait
à sa disposition cent hommes d'armes, cent cinquante
de cavalerie légère et lui fournissait immédiatement
2 000 fantassins, — en échange de quoi il pouvait
compter sur sa protection contre toute agression éven-
tuelle et sur 20 000 *scudi* de pension annuelle.

C'était une manière de *condotta*, dirigée tout de suite contre César, plus tard contre inconnu. Or, Jules II, qui conservait des vues sur les Romagnes, méditait déjà de « rogner les griffes du Lion de Saint-Marc. » Il ne voyait pas d'un très bon œil que le frère de sa belle-sœur eût des obligations envers Venise. Les ducs d'Urbino étant des vassaux nominaux du Saint-Siège, il s'efforça de lui faire comprendre que son premier devoir était de défendre les intérêts de l'Église. Guido, assez embarrassé vis-à-vis de la République, s'en tirait par de belles phrases ; sa femme, qui était restée à Venise, s'en allait faire des compliments au Doge et à la Seigneurie, et le Pape, qui bénissait toutes les fleurs et les politesses de l'alliance, pourvu qu'il en recueillît les fruits, gardait Guido sous sa main.

Tandis qu'il faisait ainsi sa cour au nouveau Pontife, ses amis lui apportèrent une étrange nouvelle. César Borgia, qu'on avait interné au Vatican, dans l'appartement du cardinal d'Amboise, lui demandait une audience. L'idée de voir cette pieuvre sanglante lui faisait horreur : il refusa. L'autre n'avait pas de vergogne ; il réitéra sa demande sous forme de supplication. Guido refusa encore. Il croyait en être débarrassé : point. Un jour qu'il se trouvait dans l'*antecamera* du Pape, sur une litière, souffrant d'un accès de goutte, un spectacle inouï s'offrit à lui. César lui-même, était là, dans la même pièce, entré on ne sait par où, César Borgia de France, duc de Romagne et de Valentinois, prince d'Adria, de Piombino et de vingt autres lieux, la barrette à la main, à genoux, en suppliant. « Quand j'aurais de l'eau jusqu'à la gorge, avait-il dit autrefois, je n'implorerais pas l'amitié de ceux qui ne sont pas mes alliés aujourd'hui. » Mais ce n'était qu'une gasconnade... Et ce fantôme se levait, s'approchait, lui faisait un second salut jusqu'à la terre où il demeurait prostré.

Guido s'était levé, stupéfait, et se taisait. Il voyait devant lui l'homme qui avait trahi sa confiance, qui lui avait ravi son royaume, qui avait voulu lui ravir sa femme, son honneur, sa vie. Malgré toute son habitude du monde, il ne trouvait pas de sujet propre à un discours agréable. Peut-être revoyait-il, en cet instant, les longues routes qu'il avait dû faire, traqué, malade, pour échapper au lasso de ce chasseur obstiné, les escaliers de l'exil « si durs à gravir », les portes et les visages fermés devant lui, par crainte des représailles du vainqueur... En tout cas, la scène était si nouvelle, si exemplaire des vicissitudes humaines qu'elle frappa vivement les contemporains. On en trouve le témoignage ému dans une lettre écrite le lendemain et, cinquante ans plus tard environ, une fresque fut peinte par Taddeo Zucchero, dans la villa de Guidobaldo II, à Sant' Angelo in Vado, pour en perpétuer le souvenir.

Enfin, la nature courtoise du duc prit le dessus. Il se découvrit, fit quelques pas vers son ennemi, et, comme celui-ci était toujours prosterné, des deux mains il le releva. Puis il lui dit qu'il l'écoutait. Grave imprudence avec un si beau parleur ! C'était un suppliant qui gémissait à terre : ce fut un orateur qui se releva. Il parla. Il commença par jeter du lest : il avoua tout, il se repentit de tout. Puis il plaida sa jeunesse, son inexpérience, les perfides conseils, « l'impossibilité où se trouve celui qui est né avec une âme fière de résister aux séductions du pouvoir... », son père, enfin, qu'il renia froidement. Il mit tout sur le compte de « *la bestialita di papa Alessandro.* » Quant à sa façon de faire la politique et la guerre, c'est vrai, elle avait été impitoyable ; mais il combattait des ennemis impitoyables aussi. On ne pouvait les vaincre autrement.

Ayant ainsi déblayé le terrain, il passa à son apologie. C'était toujours la même : il n'avait attaqué personne. Il n'avait fait que se défendre, — défendre l'Église contre ses ennemis... Lui, un usurpateur du bien d'autrui !... Non, non, mais un « récupérateur » des biens enlevés jadis au Saint-Siège ! Car, enfin, tous ces duchés, principautés, « vicariats », avaient fait partie, jadis, du domaine de l'Église. Les successeurs d'Alexandre VI étaient trop heureux qu'il eût fait ces conquêtes : ils n'avaient qu'à se baisser pour prendre ce qu'il avait apporté ! Quant aux peuples, loin de les opprimer, il les libérait... Tyranniser, lui, allons donc ! Au contraire, *anéantir les tyrans* : tel avait été le but de sa vie. Et, en effet, là où il avait régné, les discordes avaient cessé, les exactions aussi, les crimes étaient punis, les peuples respiraient à l'aise : c'était l'âge d'or... Il termina en jurant de réparer, autant qu'il était possible, le mal qu'il avait fait. Les biens volés, il les rendrait. Qu'on lui donnât un peu de temps seulement... Il allait rendre à Guido notamment la Bibliothèque d'Urbino et tous les meubles, sauf les tapisseries de la *Guerre de Troie,* — il en avait fait présent au cardinal de Rouen, auquel il ne serait pas délicat de les redemander, — et quelques babioles restées en Romagne, à Forli. Enfin, pour conclure, il se mettait à la discrétion de son ennemi.

Il plaida bien, il plaida longtemps. Guido était un valétudinaire, affaibli par la souffrance. C'était un sentimental, attendri par l'excès d'humiliation où il voyait le plus intraitable des princes, celui qui avait dit : *Aut Cæsar aut nihil !* C'était un lettré, ébloui par le feu de cette improvisation, — sans doute longuement méditée. Sa lassitude fut plus grande que son ressentiment. Il semble, aussi, par tous les traits de son ironie bienveillante, qu'il fût un peu trop en avance sur son temps, trop dépouillé de la barbarie médiévale pour goûter dans toute son âpre saveur :

*Chè bello onor s'acquista in far vendetta...*

Il dédaigna ce plaisir. Il embrassa le suppliant, lui promit d'intercéder, ou du moins de ne pas le charger, auprès de Jules II et le renvoya absous. La faconde et l'assurance des Borgia avaient, une fois encore, triomphé.

On a souvent tracé le portrait de César Borgia. Yriarte et M. Charles Benoist en ont fait qu'on peut considérer comme achevés. Il est un trait, cependant, sur lequel on a peu insisté et qui paraît essentiel : c'est son extraordinaire faculté de simulation ou de crédibilité, quelque chose qui le hausse, ou le rabaisse, au niveau de Cagliostro et de Casanova, ou encore de ces femmes célèbres, en France, depuis M^me de la Motte jusqu'à nos jours, pour les dupes qu'elles firent de juges, de princes ou d'hommes d'État. Qu'après avoir trompé Astorre Manfredi, César ait pu tromper Guidobaldo,

Varano et tant d'autres, c'est déjà surprenant ; qu'après Guidobaldo et Varano, il ait pu tromper Vitellozzo et les Orsini, c'est tout à fait étrange ; mais qu'après l'assassinat de Vitellozzo même et des confédérés, il ait pu séduire, une seconde fois, quelques-uns des chefs du parti Orsini et Guido lui-même dans cette dernière rencontre, cela passe les bornes du possible rationnel, et nous n'y pourrions croire, si les documents authentiques de la première heure et le consentement unanime des contemporains n'étaient là pour l'attester.

On ne peut l'expliquer que par la possession d'un fluide magnétiseur fait d'éloquence, d'enjouement et de grâce, qui enlève à l'adversaire ou interlocuteur une partie de ses moyens de contrôle et de son sens critique. Et l'on est d'autant plus fondé à le croire que ses maléfices n'opèrent pas de loin. Malgré tous les amis ou ambassadeurs qu'il entretient auprès des grands, il n'arrive pas à les persuader, s'il ne peut plaider lui-même, en personne. La partie est presque perdue pour lui auprès du Roi de France, à Milan, ou du moins bien compromise : quand il paraît, il sauve tout. Les confédérés de la Magione, loin de lui, voient clair dans son jeu : à mesure qu'il peut les approcher, un à un, il leur brouille la vue. Les Florentins auxquels il ne peut parler directement ne tombent pas dans ses filets. Machiavel seul, étant sous son regard, est sous son charme ; aussi conseille-t-il à ses concitoyens de lui céder. Ceux-ci sont probablement très inférieurs, en génie politique, à leur « secrétaire ». Mais étant hors de la portée de César, ils sont hors de son rayon fascinateur. Ils ne font rien de ce qu'il veut et font bien.

Toutefois, il y avait autre chose que de la suggestion hypnotique dans l'ascendant de César sur ses ennemis : il y avait un solide système politique. En disant qu'il poursuivait la grandeur de l'Église, le Valentinois mentait sur ses intentions véritables, mais disait la vérité quant au fait. C'est pourquoi, Alexandre **VI** mort, sa fortune ne croula pas tout d'un coup, ni même aussi vite qu'on aurait pu le croire. En travaillant pour soi, il avait aussi travaillé, momentanément tout au moins, pour la papauté, et le Pape nouveau, si différent fût-il de l'ancien et si ennemi, ne poussait pas la contradiction jusqu'à vouloir perdre ce que l'autre avait gagné. Peut-être même que les moyens employés pour la conquête des Romagnes commençaient à lui paraître moins détestables depuis qu'il en était le bénéficiaire, — être propriétaire ou ne l'être pas, créant une optique fort différente de la propriété. Il s'agissait donc, pour Jules II, de sauvegarder l'œuvre, tout en châtiant l'ouvrier. Or, l'ouvrier tenait encore à l'œuvre, par mille fils qu'il avait eu grand soin de solidement ourdir. Des gens à lui dévoués occupaient encore les forteresses de Forli et de Cesena et ne les voulaient point rendre. Il est vrai qu'ils ne pouvaient point non plus indéfiniment les garder et défendre contre tout le monde, et qu'il les leur faudrait, un jour ou l'autre, rendre à quelqu'un. Mais ils pouvaient, tout aussi bien, les rendre aux ennemis du Saint-Siège qu'au Saint-Siège lui-même. Tel était le nœud de l'affaire. Pour empêcher cette mésaventure, il fallait négocier avec eux, et César, seul, le pouvait. Il fallait donc ménager César.

Jules II le ménageait un peu comme le chat ménage la souris : il le laissait prendre un peu de champ, aller jusqu'à Ostie, par exemple, puis le rattrapait d'un coup de griffe. Ce manège dura plusieurs mois, au bout desquels, César, ayant définitivement enjoint à ses lieutenants de se rendre, fut définitivement perdu. On le laissa, cette fois, s'en aller jusqu'à Naples, où il tomba sous la main de Gonzalve de Cordoue et ne reparut plus sur la scène. Il allait jouer les seconds rôles, et même moins encore, en Espagne, jusqu'à ce qu'une mort obscure achevât le « rien » qu'il s'était donné comme alternative à la destinée de César. La pieuse sorcière de Mantoue avait vu plus juste que le profond Machiavel : Borgia avait « passé comme un feu de paille. »

Comment ce feu a-t-il pu durer assez longtemps pour embraser toute l'Italie, et est-il bien nécessaire d'invoquer une déchéance morale particulière à ce pays ou à cette époque, pour expliquer qu'un Borgia pût y régner quelque temps sans soulever une réprobation unanime? Telle est la question qui se pose naturellement à l'esprit, quand on considère la carrière du Valentinois. Mais elle repose, elle-même, sur un postulat très contestable, ou pour mieux dire, tout à fait faux. Car l'Italie n'a point acclamé, ni approuvé, ni même tacitement excusé les Borgia : elle les a subis. Elle les a subis, parce qu'ils étaient les plus forts, et ils étaient les plus forts, parce qu'ils étaient soutenus par l'Étranger. Voilà ce qu'on trouve, lorsqu'on va « à la réalité effective des choses », comme Borgia, lui-même, y allait. Il n'est donc nullement nécessaire de supposer une immoralité, ou une amoralité, particulières ou à l'Italie ou au XVIᵉ siècle, pour expliquer ses foudroyants succès. Ils ne sauraient s'expliquer autrement, mais ils s'expliquent le plus naturellement du monde par l'appui de la puissance extérieure la plus redoutée à ce moment : la France. Avant que la France le soutienne, il monte lentement ; quand elle l'abandonne, il descend ; quand elle le combat, il tombe. Et le signe qu'il ne peut se passer de l'appui de l'Étranger, c'est qu'il lui sacrifie, par force et à contre-cœur, ses ambitions, ses rancunes, ses haines. Contre les Florentins, il va se déchaîner : un mot du Roi de France l'enchaîne et il ne bouge plus. Des Bentivoglio de Bologne, il va faire ce qu'il a fait des autres petits souverains dont il convoite le patrimoine : le Roi de France leur assurant sa protection, — du moins à leurs personnes, — il respecte leurs personnes et négocie. Il livre très volontiers une partie de l'Italie aux Français pour en avoir une autre. Sa prétention, ou la prétention d'Alexandre VI, de « faire l'Italie toute d'un seul morceau » ne doit s'entendre que de la partie de l'Italie comprise entre le Napolitain et la Toscane, c'est-à-dire si l'on excepte de ce projet d'« unité italienne » Milan, Venise, Florence et Naples, ce qu'il y avait de plus riche et de plus actif dans la péninsule. César ne fait donc pas de bien grands rêves : il espère se fabriquer un royaume de pièces et de morceaux, qui s'appuiera sur l'Étranger. Contre ses rivaux ou voisins, en Italie, il brandit toujours la menace extérieure : « Le Roi de France est avec moi... le Roi de France va venir... Chaumont arrive avec 400 lances... Le Roi m'envoie ses Gascons...» Voilà son grand argument et qui suffit à tout. Avant tous ses titres italiens, il fait passer son duché de Valentinois. Bien mieux, au lieu de se parer de sa nationalité, il la rejette. Il signe César Borgia *de France.* Il est l'homme de l'Étranger.

L'imputation de complicité criminelle, si l'on en décharge l'Italie, faut-il, pour cela, en charger la France? Non. Si les Français, pendant un temps, soutinrent César, c'est qu'ils ne le connaissaient pas. Éblouis par sa faconde et par ses manières à la fois gracieuses et hautaines, endoctrinés par lui, à la Cour même de France, avant leur arrivée en Italie, ils furent longtemps victimes d'un effet d'optique, difficilement évitable, à cette époque, lorsqu'on voulait juger les choses de trop loin. Lorsqu'ils le connurent mieux, ils le condamnèrent aussi. Louis XII parle, quelque part, de la *grant ingratitude et mescognoissance* de « son cousin » *Domp César de Borgia* et des « mauvais tours » qu'il lui a faits. Jamais mieux qu'en cette occurrence ne fut démontré le malheur, pour un pays, de faire juger ses différends par l'Étranger, même si l'Étranger est honnête. Louis XII était honnête, mais il venait de loin et, au milieu de toutes les criailleries italiennes, il ne distinguait point clairement la voix de la vérité. Et puis il n'était pas et ne pouvait être impartial, venant en Italie, non pour juger, mais pour être partie prenante. C'est bien ce sur quoi comptait César, tout à fait indifférent au sort de ce pays, pourvu qu'il s'y taillât un royaume.

Ainsi, même si l'on invoque la maxime cynique du réalisme politique : « la fin justifie les moyens », on le condamne. L'histoire pardonne au pionnier tombé

LE PAPE JULES II.

Dessin de Raphaël pour le groupe de la Chambre d'Héliodore, au Vatican.

en route, quand la route où il est tombé a servi depuis
à la marche de l'humanité. Quels que soient ses échecs
et quels que soient ses « moyens », un précurseur est
absous. Mais Borgia n'a été le précurseur de rien. Pas
une idée nationale n'a hanté le cerveau de cet Espagnol, régnant sur des Italiens, par l'épée des Français.
Pas une idée d'Art non plus, — et c'est ce qui, pour
nous, le perd. Ces tyrans du xv$^e$ et du xvi$^e$ siècle ne se
sauvent que par là. On pardonne beaucoup à Ludovic
le More, presque aussi peu « national » que Borgia,
parce qu'il a fait au monde un legs de beauté. Bien
d'autres se présentent devant la postérité, c'est-à-dire
devant chaque génération nouvelle qui naît, comme
les Rois Mages devant l'Enfant Jésus : ils tiennent des
trésors à la main et semblent lui dire : « Grâce à moi,
tu verras quelques belles choses de plus dans le monde
où tu vas passer et souffrir... » Mais de Borgia les mains
sont vides et toutes dégouttantes de sang. Le lacet qui
étrangle, le couteau qui égorge, le masque qui cache, la
plume qui ment : — voilà sa contribution au Musée de
l'histoire. Il intéresse comme un joueur, mais seulement comme un joueur : on suit sa partie, sa veine ou sa
déveine, on admire son impassibilité en face de l'heur
ou du malheur des cartes ; mais, une fois les chandelles
consumées et quand il fait « Charlemagne, » on s'aper-
çoit qu'il a perdu son temps et qu'il ne laisse rien à la
« cagnotte » de l'humanité [1].

1. Presque seul de tous les princes illustres de cette époque, il n'a laissé
aucun portrait de lui qu'on puisse citer avec quelque certitude. Celui de la
galerie Borghèse, jadis attribué à Raphaël, lui ressemble vraisemblable-
ment : c'est tout ce qu'on peut dire.

Pourtant il a trouvé, dans les temps modernes, des apologistes, ou au moins des « analystes », qui en ont appelé du verdict sommaire et absolu des moralistes au diagnostic plus complexe et plus relatif des historiens. Ils ont plaidé trois choses : d'abord, que sa morale ou son « immorale » était celle de son temps, que tout le monde faisait les mêmes crimes que lui et que sa seule originalité fut de les faire mieux ; ensuite, que les tyrans qu'il déposséda ne valaient pas mieux que lui et opprimaient les pays où il paraissait en libérateur ; enfin, qu'il travailla, non dans un dessein personnel, mais pour une idée : la grandeur de l'Église, puisque les territoires acquis de la sorte au Saint-Siège lui sont restés.

Il y a du vrai dans tout cela, mais rien de tout cela n'est tout à fait vrai. Le mouvement de réprobation contre les Borgia en général n'a pas attendu les temps modernes pour se manifester : témoin Savonarole. On a fort bien su, du vivant même d'Alexandre VI et de César, tant dans les protestations auprès du Roi de France que dans les lettres privées, marquer en quoi les crimes de cette famille dépassaient la commune mesure. Et, en effet, ni dans la première dynastie des Médicis, ni chez les Montefeltro, ni chez les Gonzague, on ne trouverait rien de semblable, et les multiples crimes attribués à Ludovic le More restent encore à prouver. L'horreur qu'éprouvaient ses contemporains pour le Valentinois n'est pas douteuse. Guichardin, qui écrivait peu après et était âgé déjà d'une vingtaine d'années lors de ces événements, le dit : « Lorsque le Roi de France arriva à Milan, il fut sollicité de tourner ses armes contre les Borgia : *c'était le plus grand désir de toute l'Italie.* » La terreur qui saisit la famille d'Este, en apprenant les fiançailles d'Alphonse avec Lucrèce Borgia, la longue répulsion du fiancé lui-même, les enquêtes et les correspondances qui eurent lieu à ce sujet n'étaient point habituels aux mariages princiers de cette époque. Les légendes qui circulèrent dans le peuple de Rome à la mort d'Alexandre, par exemple le dialogue imaginé entre le Pape et le Diable venu pour lui réclamer livraison de son âme, n'accompagnaient point, on peut le croire, la fin de tous les Pontifes, même en ce siècle calamiteux. A cet égard, la lettre du marquis Gonzague *à sa femme,* écrite le 22 septembre 1503, c'est-à-dire un mois seulement après la catastrophe, *est très significative :* ce n'est point l'expression d'une haine personnelle, c'est l'écho de tout *un peuple crédule* et indigné. Elle montre l'Italie stupéfaite, épouvantée à un spectacle qu'elle n'avait jamais encore connu.

Cette indignation, il est vrai, se sent peu chez les historiens. Ils gardent une belle impassibilité qui, chez Machiavel, va quelquefois jusqu'à une manière d'admiration. Mais les historiens ne sont pas toute l'histoire, encore moins toute l'opinion publique, et moins que jamais si ce sont des diplomates. Une histoire écrite par Talleyrand serait précieuse : quant à refléter le sentiment du peuple français dans son ensemble, c'est autre chose. Mieux valent, pour cela, les témoignages immédiats, les lettres privées, nombreuses à cette époque et d'une incontestable authenticité. *Les histo-riens racontent les événements avec exactitude,* — du

moins nous le supposons — ; mais l'impression que ces
événements produisent sur les âmes, l'« incidence »
du fait sur la mentalité contemporaine, c'est bien plutôt par les lettres intimes que nous la pouvons conjec-
turer. Or, il est difficile, quand on lit les correspondances
échangées à cette époque, de croire que les Borgia aient
paru des êtres admirables à leurs contemporains.

Ce qui est vrai, c'est que plusieurs des petits tyrans
dépossédés par César ne valaient pas mieux que lui et
que les moyens employés par eux, pour se maintenir au
pouvoir, n'étaient guère différents de ceux qu'il employa
pour les en chasser. Plusieurs, mais pas tous et, par
exemple, pas Guidobaldo. Ce qui est vrai, aussi, et ce qui
explique, en partie, le succès rapide et facile de ses dé-
prédations, c'est le peu d'attachement des populations
pour leurs maîtres, et parfois même l'horreur qu'elles en
avaient : — à ce point que, çà et là, l'invasion leur fit
l'effet d'une délivrance. Mais point partout, et notamment pas à Urbino. César l'a prétendu ; mais un mensonge de plus ou de moins ne lui coûtait guère, et toute
l'histoire de ce duché, avant, pendant et après son
occupation, dément cette vaine parole. Il est vrai,
enfin, que ses conquêtes n'ont pas, toutes, été éphé-
mères, et que plusieurs sont venues grossir le patrimoine de saint Pierre. Mais, précisément, l'État d'Urbino n'est pas demeuré à l'Église et, s'il y est revenu
enfin, c'est cent vingt-huit ans plus tard, par l'extinc-
tion de la famille régnante et au grand regret de ses
habitants, comme l'avait bien prévu Montaigne quand
il y passa et qu'il voulut en visiter la « bele Librairie ».

Ainsi, se trouve-t-il, à l'examen des réalités, que

**Borgia** ne fut point du tout un libérateur des peuples opprimés et qu'il ne lui a pas suffi de le prétendre pour tirer avantage de ce rôle. La violation d'un État neutre et indépendant, et qui tenait à son indépendance, marque nettement la limite de ce que pouvait, en Italie, le plus grand aventurier du xvi$^e$ siècle. Le rocher des Montefeltro fut la pierre d'achoppement où vint se briser la fortune de César. Les peuples, ainsi, n'ont pas attendu que fût proclamé leur droit de disposer d'eux-mêmes pour le prendre, quand ils l'ont pu. Même lorsqu'il s'agit du peuple le moins libre du monde, c'est tout autre chose de l'avoir pour ou contre soi, quand on entreprend sa conquête, de marcher au milieu de son hostilité ou de sa complicité, ou tout au moins de son indifférence. Même dans la victoire, son hostilité est dangereuse ; elle est mortelle dans la défaite, ou seulement dans l'indécision. En fait, les populations tyrannisées avant les Borgia sont restées à l'Église, ou ne sont pas demeurées à leurs anciens maîtres : le petit peuple d'Urbino, gouverné par les Montefeltro d'une façon que nous appellerions aujourd'hui « libérale, » si l'on pouvait se servir d'un mot tout chargé d'un sens qu'on ne connaissait guère jadis, a chassé l'usurpateur et est revenu à ses anciens chefs. Telle est la morale, — et il se trouve qu'elle est morale en effet, — de cette tragi-comédie.

« Comédie, » — nous pouvons l'appeler ainsi, après quatre cents ans écoulés, puisque les victimes de ce drame, quatre mois seulement après sa fin, l'envisageaient avec ce détachement philosophique. La première chose que fit la duchesse Élisabetta Gonzague, pour se divertir, durant le carnaval qui suivit sa restauration à Urbino, fut de faire mettre sur la scène les tristes événements où son mari et elle avaient failli laisser leurs têtes.

« Le 19 février 1504, dit un chroniqueur, le jour de lundi, on fit, le soir, dans la salle du Seigneur Duc, *la Comédie du duc de Valentinois et du Pape Alexandre VI, quand ils firent le projet d'anéantir l'Etat d'Urbino, quand ils envoyèrent Mme Lucrèce à Ferrare, quand ils invitèrent la duchesse (d'Urbino) aux noces, quand ils vinrent pour prendre l'Etat, quand le duc d'Urbino revint pour la première fois et puis repartit, quand ils égorgèrent Vitellozzo et les autres seigneurs, et quand le pape Alexandre VI mourut et le duc d'Urbino revint dans son Etat.* »

C'est une idée tout italienne. Nous concevons mal Louis XVIII, malgré le goût qu'il avait des choses de l'esprit et son épais scepticisme, faisant représenter, aux Tuileries, sa fuite aux *Cent Jours*. Il est vrai qu'on l'a représentée en peinture ; mais, s'il faut en croire les témoignages du temps, il ne le trouva point plaisant du tout. Quel plaisir la duchesse d'Urbino et ses amis pouvaient-ils prendre à remuer ces souvenirs tout récents, où il y avait tant de larmes et de cendres ? Mais l'Italien adore à ce point les spectacles qu'il aime mieux s'en faire de ses propres malheurs que de n'en pas avoir du tout. Et puis, peut-être l'image sensible des angoisses qu'on pouvait croire à jamais conjurées relevait-elle, d'une savoureuse épice, la douceur des jours sans histoire qui allaient désormais couler.

Il est rare que les jours heureux soient aussi féconds

en impressions et laissent une mémoire aussi longue que les malheurs. C'est pourtant ce qui arriva, cette fois. La vie d'avant la tempête reprit paisiblement son cours dans le Palais d'Urbino, la vie du *Cortegiano*, telle que Castiglione l'a peinte : danses, musiques, chasses, tournois, lectures et discussions passionnées. Humanistes, poètes, gens d'Église, chevaliers qui avaient laissé, là, leur armure ; diplomates qui avaient quitté leurs postes diplomatiques ; statuaires au repos entre deux chefs-d'œuvre ; maîtres d'armes, princes dépossédés, chanteurs, bouffons, virtuoses accouraient à tire-d'aile vers l'altier palais bâti par Laurana. Sonnets, *canzoni*, *rime*, retentissaient sous les hautes voûtes, alternant avec les cliquetis d'armes et les soupirs du luth et du *gravicembalo*. On disait du Pétrarque, on chantait du Josquin de Près, on dansait des *basses* espagnoles. On discutait surtout, librement, subtilement, passionnément, en utilisant pour cela tout le trésor des connaissances accumulées depuis l'antiquité. C'étaient les *Essais* de Montaigne avant Montaigne, esquissés par des hommes qui avaient vécu aux heures tragiques dont il n'a fait que lire des récits. Les problèmes les plus divers de la philosophie, de la littérature et de la vie courante y étaient abordés ; mais le sujet demeurait toujours l'Homme, sa formation intellectuelle et morale, sa perfection immédiate, son coefficient dans la société : — la philosophie étant avant tout, pour cette élite mondaine menacée par les révolutions et pressée de vivre, une controverse, non sur ses fins dernières, ni sur ses origines, mais sur la vie.

Jamais, il est vrai, on ne savoura, ni n'épuisa plus

avidement l'heure présente. L'avenir ne hantait guère les imaginations, le passé était rejeté bien loin dans les mémoires : parfois une furtive allusion y était faite, comme il arrive que dans un beau visage on découvre une ride, mais elle s'effaçait aussitôt dans un éclat de rire d'Emilia Pia. Les visions tragiques ou désolées : la chute, la fuite, l'exil, s'oubliaient devant les merveilles de Laurana, de Juste de Gand, de Paolo Uccello, de Melozzo da Forli et les précieux manuscrits, enfin récupérés. Les Amours couraient sur les cheminées et les linteaux des portes, les plantes décoratives croissaient le long des chambranles, les symboles pittoresques planaient aux plafonds. On ne se bornait pas à jouir des visions fixées par les vieux Maîtres : on en provoquait de nouvelles chez les jeunes artistes du cru. Il y en avait un, notamment, qui ne laissait pas de montrer quelques dispositions pour la peinture : c'était le fils d'un peintre attitré des Montefeltro. On lui faisait, déjà, quelques commandes ; on lui donnait des lettres de recommandation au loin : « Le porteur de ceci sera Raphaël, peintre d'Urbino, qui, ayant un beau génie pour sa profession, a résolu de demeurer quelque temps à Florence pour y étudier », écrivait au Gonfalonier de Justice, à Florence, la sœur de Guidobaldo, la « préfétesse de Rome », Giovanna della Rovere, qui se trouvait à Urbino le 1er octobre 1504.

Quand nous sommes, au Louvre, devant le petit *Saint Michel* de Raphaël, peint au revers d'un damier, ou son petit *Saint Georges*, si gauches à ne voir que les figures secondaires et les accessoires, si gracieux et si florissants de jeunesse, si nous considérons les figures

LE PALAIS D'URBINO : FAÇADE

Camaïeu par M. Bernard Harrison.

principales, souvenons-nous que c'est au pauvre Guidobaldo que nous les devons. Ces premiers balbutie-
ments du génie sont touchants de maladresse, d'appli-
cation, de vie. Regardons, par exemple, le petit *Saint
Georges* : un chien difforme aboie après un cavalier qui
passe et qui semble venir tout droit d'une pendule
Louis-Philippe, car il est coiffé d'un casque à plumes
que ne désavoueraient pas les chevaliers de style Trou-
badour dressés dans la Cour d'honneur de Versailles.
Le paysage est doux et tranquille ; les arbres montent
dans le ciel comme des fusées de verdure ; le sol est
jonché des débris d'un gigantesque mirliton. Le cheval,
tout en poitrail, presque aussi monstrueux que le
chien, fait ce qu'il peut pour paraître fougueux et
n'avance pas. Au loin, une sorte de Maritorne court
lourdement dans la colline. Or ce cavalier est un Saint :
une timide auréole naît autour de son casque ; ce chien
est un dragon, qui s'efforce à paraître redoutable : ce
mirliton est une lance brisée dans son corps, et cette
femme est la Fille du Roi. On croit à une gageure,
mais halte-là ! Que l'on s'attache au cavalier : ce jou-
venceau, bien planté sur ses étriers, plein de candeur,
de force et d'agilité, préfigure déjà l'humanité supé-
rieurement belle et le geste harmonieusement vrai
que saura montrer Raphaël, quand il ne montrera plus
ni les bêtes, ni les monstres. Entre la nature inférieure
et le surnaturel, c'est déjà un maître. Voilà vraisem-
blablement les premières œuvres que Guido a fait
exécuter en rentrant dans ses États. Non seulement,
il les a commandées, mais il les a sans doute, inspi-
rées. La bête malfaisante frappée par le Saint, dans

les deux compositions, le Saint lui-même triomphant
de la violence et du vice, qu'est-ce autre chose, trans-
posée dans un monde idéal, où tout s'ennoblit et s'épure,
que l'histoire même que nous venons de raconter ?

Pauvre Saint Georges à la vérité et fort médiocre
Saint Michel, que le pâle et valétudinaire héros de cette
histoire ! Un Saint Michel vite guetté par la goutte et
perclus dès sa maturité, après quelques années seulement de sportive jeunesse, un Saint Georges qui ne
triomphe que tardivement et après avoir fui deux fois
devant le Dragon ! Une âme bien trempée, cependant, et
qui laissa chez les Vénitiens, s'il faut en croire Pietro
Bembo, « la haute réputation d'un esprit au-dessus de
l'humanité, d'un savoir admirable et d'une discrétion
singulière », mais trahie par ses organes et constamment embarrassée de sa guenille mortelle : tel fut Guidobaldo de Montefeltro, troisième duc d'Urbino.

Ainsi, peu à peu, les traits de son portrait du *Pitti*
s'expliquent et expliquent sa vie. La souffrance physique y est empreinte, la mélancolie y répand son
voile, la fermeté le soutient. Enfant venu trop tard,
d'un père trop vieux, d'une mère trop jeune, réclamé,
arraché à la condescendance divine par d'indiscrètes
prières, on sent qu'il paya toute sa vie la rançon de la
joie donnée aux siens par son apparition dans le monde.
Au physique, ce fils, c'était elle, c'était Battista Sforza :
la longue figure pâle et anguleuse de Guido, du Palais
Pitti, est bien la transposition masculine du profil de la
Battista Sforza des *Uffizi*, par Piero della Francesca,
et de son buste au Bargello. Au moral, c'était son père,
le grand condottiere et le parfait honnête homme, mais

son père vieilli, affaibli, tout aussi sage ; mais la sagesse sans la force, aux époques troublées, c'est une boussole sans rames, ni voiles. Du moins, cette égalité d'âme, si elle ne lui suffit pas à diriger les événements, lui permit de faire paraître, dans leur bourrasque tragique, cette impassibilité qui présage le calme, cette prévoyance qui fixe les esprits, cette courtoisie qui rallie les cœurs.

Sage, impassible et courtois, il se montra dans la maladie, comme dans la mauvaise fortune, et devant la mort, jusqu'au bout. Quand son heure sonna, ce fut une heure d'avril 1508, à Fossombrone, il s'effaça discrètement, comme une ombre passe. Il finit en vrai Prince de la Renaissance ; non pas dans l'oubli des commandements de l'Église chrétienne, mais avec une sorte de sérénité tout humaine qui, par delà les siècles de terreur et de ferveur, renouait la tradition des philosophes de l'Antiquité. Il réconforta sa femme, se confessa à son chapelain, instruisit de ses devoirs son successeur, puis, voyant, à son chevet, deux humanistes fameux, Castiglione et Fregoso, il leur fit cette dernière politesse de mourir en murmurant des vers de Virgile [1] et de parer des noms de Cocyte et de Styx les ombres froides où il se sentait descendre et engloutir.

1.  *Me circum limus niger et deformis arundo,*
    *Cocyti, tardaque palus, inamabilis unda,*
    *Alligat, et novics Styx interfusa coercet.*

(Virgile, *Géorgiques. IV.*)

# APPENDICES

## TEXTES DOCUMENTAIRES

# APPENDICE I

## DESCRIPTION PHYSIQUE DE GUIDOBALDO

*Balthassaris Castilionii ad Henricum Regem epistola de vita et gestis Guidubaldi Urbini ducis.*

Statura procerus fuit, colore candido, ore non admodum pleno, sed forma eximia et per omnes ætates venustissima: negligens tamen omnis lenocinii et circa cultum ad mundiciam et decentiam *tantum curiosus :* glaucis oculis, capillis aureis primum, *mox subflavis, iisdem planis,* nec multis **tereti** collo, latis humeris, toroso pectore, castigato **ventre,** plenis femoribus tibiis autem decenter exilibus.

CASTIGLIONE, *Lettere, ed. Serassi.*

# APPENDICE II

## L'INVASION D'URBINO PAR CÉSAR BORGIA ET LA FUITE DE GUIDOBALDO

LETTRE D'ISABELLE D'ESTE A SA SŒUR CLAIRE DE MONTPENSIER.

Illᵐᵃ Mᵃ mia cognata. — Nui qua siamo stati *un tempo assai quieti et contenti,* dove ritrovandosi dal Carnevale fin adesso la Illᵐᵃ Mᵃ Duchessa de Urbino... habiamo cercato conservarsi in consolatione, agurandoli molte volte V. S. per compimento del piacer nostro. Ma essendo novamente successo lo inopinato et nefando caso de la perdita del Ducato de Urbino, e la gionta quà in giupone del S<sup>r</sup> Duca cum quattro cavalli solamente, quale per essere stato con tradimenti acolto a l'improviso congran periculo ha servato la vita, siamo remasti tuti tanto atoniti, tanto confusi et tanto adolorati che nui medesmi non sapiamo dove se retrovamo, como pò pensar V. Ex., et tanta è la compassione che io ho a la S<sup>ra</sup> Duchessa che non voria mai haverla conosuta...

Mant. XXVII junij M D I I.

SUR LES SENTIMENTS DE LUCRÈCE BORGIA, TOUCHANT LE CRIME DE SON FRÈRE, LUZIO ET RENIER ÉCRIVENT DANS *Mantova e Urbino* :

« Del tristo caso Lucrezia Borgia si mostrò sinceramente addolorata. Già il 27 giugno 1502 scriveva Bernardino de' Prosperi a Isabella (*d'Este, marquise de Mantoue*) che essa (*Lucrèce Borgia*) non poteva darsene pace, memore delle accoglienze ricevute nel passare per Urbino pochi mesi prima, come sposa. Ed il 29 giugno cosi il prete da Correggio :

« Mi dimandò (*Lucrezia*) se avea autò lettera de la S. V. del caso occorso. Dissi de non. Lei monstrò aver grandissimo adispiacere e cosi tuta la sua Corte, et àme dito che la pagaria cinquanta millia ducati non l'avere mai cognosciuta, e dove la poterà con fati e parole non li mancherà mai. »

# APPENDICE III

## LE ROI DE FRANCE ET CÉSAR BORGIA, D'APRÈS GUICHARDIN

Ma per ritornare alle cose comuni, al Re di Francia, come fu giunto in Asti, concorsero, secondo il consueto, tutti in Principi, e tutte le Città libere d'Italia, chi in persona, chi per Imbasciàtori, tra quali il Duca di Ferrara, e il marchese di Mantova, benche questo nè confidato, nè accetto, e Batista Orsini Cardinale, andatovi, contro la volontà del Pontefice, per giustificare i suoi, e Vitellozzo delle cose d'Arezzo, e per incitare il Re contro al Pontefice, e al Valentino, contro i quali, atteso l'ardore dimostrato prima dal Re, *si aspettava con sommo desiderio . di tutta Italia, che l'armi Franzesi si movessero.* Ma l'esperienza dimostra, essere verissimo, che rare volte succede quel, che è desiderato da molti, perché dependendo comunemento gli effeti delle azioni umane dalle volontà di pochi, ed essendo l'intenzione, e i fini di questi quasi sempre diversi dalla intenzione, e dà fini de molti, possono difficilmente succedere le cose altrimenti, che secondo l'intenzione di coloro, che denno loro il moto : cosi intervenne in questo caso, nel quale gl' interessi, e fini particolari indussero il Re a deliberazione contraria al desiderio universale, Mosse il Re non tanto la diligenza de Pontefice, il quale non cesso' mai, mandandogli spesso uomini propri il consiglio del Cardinale di Roano (1) desideroso, come sempre

(1) Il s'agit ici, du cardinal d'Amboise, archevêque de *Rouen*, que des érudits français, en retraduisant le *Roano* de

era stato, di conservare l'amicizia tra il Pontefice, e il Re, inducendolo a questo forse, oltre l'utilatà del Re, in qualche parte l'utilità particolare ; perchee dal Pontefice gli fu prorogata la Legazione di Francia per diciotto mesi, e perché, attendendo sollecitamente a farsi fondamenti per ascendere al Pontificato, voleva poter ottenere da lui promozione di parenti, e dependenti da sè al Cardinalato, e giudicava serviegli alla medesima intenzione l'avere fama d'amatore, e de protettore dello stato Ecclesiastico.

Ne solamente a tutti questi, ma insino a Veneziani cominciava a essere sospetta tanta prosperità del Duca Valentino, sdegnati eziandio, che pochi mesi innanzi, dimostrando essere in piccola estimazione appresso a lui l'autorità di quel Senato, aveve fatto rapire la moglie di Giovambatista Caracciolo capitano generale delle loro fanterie, la quale, andando da Urbino a congiugnersi col marito, passava per la Romagne : però per dare causa al Re di procedere più moderatamento a suoi favori, dimostrando di muoversi come amici, e gelosi dell' onor suo, gli ricordarono per gli oratori loro con parole degne della gravità ditanta Répubblica, che considerasse di quanto carico gli fosse il dare tanto favore al Valentino, e quanto poco convenisse allo splendoro della casa di Francia, e al cognome tanto glorioso di Re Cristianissimo, favorire un Tiranno tale distruttore dè popoli e delle Provincie, sitibondo si immoderatamente del sangue umano, ed

Guichardin, ont transformé en un cardinal de *Rohan*, peu connu jusque-là dans l'histoire du xv° siècle, — exemple entre bien d'autres de l'inconvénient à traduire les noms propres étrangers.

esempio a tutto il mondo d'orribile immanità, e perfidià; dal quale, come da pubblico ladrone, erano stati ammazzati si crudelmente sotto la fede tanti nobili, e Signori, e che non si astenendo ancora dal sangue de fratelli, e dè congiunti, ora *con ferro*, ora con veleno, avesse incrudelito nell' età *miserabili eziandio alle berbarie dè* Turchi—alle quali parole il Re, confermandosi forse più nella sentenza sua per l'intercessione de Veneziani, rispondeva non volere, nè dovere impedire il Pontefice, che non disponesse ad arbitrio suo delle Terre, che appartenevano alla Chiesa, in modo che, *astenendosi gli altri per rispetto suo d'opporsi all'armi del Valentino.*

GUICCIARDINI, *Istoria d'Italia, vol. III.*

# APPENDICE IV

## LES MANŒUVRES DE CÉSAR BORGIA POUR LE DIVORCE DE GUIDOBALDO ET SON ENTRÉE DANS LES ORDRES

§ 1. LETTRE DE GHIVIZZANO AU MARQUIS GONZAGUE, APRÈS UNE ENTREVUE AVEC CÉSAR BORGIA.

Ill^mo S^re mio. — Sabbato sera per Zoanfrancesco cavallaro recevei una di la *Ex. V. in exécutione* di la quale andai a visitare lo Ill^mo S^re Duca di Romagna. *Sua S^ria* mostrò vederni molto voluntieri ed introò meco in ragionamento sopra le cose dil Duca di Urbino, *domandandomi se'l si voleva far prete e renuntiarli il stato*, che in tal caso li faria qualche provisione. Gli risposi tal cosa non potersi tractare senza satisfactione di la Duchessa la qual perseverava in opinione di non voler dissolvere il matrimonio. Alhor, il S$^r$ Duca concluse senza questo non li daria uno suspiro, allegando havere parlato cum la X$^{ma}$ M$^{ta}$ qual gli haveva promisso scrivere a la Ex. V. che havesse a licentiare tutti li soi nemici dil dominio suo, attento che cossi la S. V. li havea promisso, ma che di questa promissa non ne havea parlato niente cum la M$^{ta}$ X$^{ma}$. Subintrando poi in le cose del parentadodisse volerlo in ogni modo serrarlo, como è stato ragionato e per più reputatione a lui pareva tal cosa si havesse a tractare e concludere a Roma, dicendomi haver speranza partirsi fra octo giorni di quà e nel partir mandaria uno gentilhomo cum me a Mantua cum littere credentiale a la Ex. V. per tractar quel fosse ad honor e bene de le parti cum molte bone parole. Io risposi che là Ex. Sua dovesse forciarsi de concludere a satisfactione di la S. V. gratificandola sopra l'altre cose dil capello dil R$^{mo}$ Proth$^o$ : al che mi rispose la S$^{ta}$ de N. S. esser molto ben disposta per il bon riporto di Troccio e per farvine segno la S$^{ta}$ Sua havea scritto uno bono breve a la S. V.

Io replicai : forciative de concludere che cossi gli serrà l'honore di l'ill$^{mo}$ S$^r$ Marchese di poter licentiare tal persone cum qualche justificatione.

Alhor Suo Ex. mi discorse che la Cel. V. dovesse ben considerare de cui meglio la si poteva servire o de li forausciti o de lui cum quello stato e conditione che si trova, affirmandomi che pocho estimava alcuno d'essi soi nemici, ma ben tene conto et estimatione de la S. V. a la qual significa conducendosi Sua S$^{ria}$ in Asti, come ha qualche dubio, voler nel ritorno suo andare per il camino de Ferara,

ove spera aboicharsi cum la S. V. benchè di questo
non parla affermative...?

Genue, 29 augusti 1502.

Servus fidelis,<br>GUIVIGIANUS.

§ 2. CESARE GONZAGUË DIT DANS LE *Cortegiano* :

«Non posso pur tacere una parola della signora
Duchessa nostra (*la duchesse d'Urbino, épouse de
Guidobaldo*) la quale essendo vivuta quindeci anni
in compagnia del marito come vidua, non solamente
é stata costante di non palesar mai questo a persona
del mondo, ma essendo dai suoi proprii stimulata
ad uscir di questa viduità, elesse più presto patir
esilio, povertà, ed ogn'altra sorte d'infelicità, che
accettar quello che a tutti gli altri parea gran grazia
e prosperità di fortuna... »

BALDASSARE CASTIGLIONE. *Il Cortegiano*, libro III,
XLIX.

## APPENDICE V

## LE MARIAGE DE GUIDOBALDO ET SON DÉFAUT DE POSTÉRITÉ

§ 1. LETTRE DE CALANDRA AU MARQUIS GONZAGUE,
LE 19 AVRIL 1488.

Gionto qua, ritrovai che la opinione del S. Octaviano et de li hastrologi era che lo ill^mo S. Duca
*non se acompagnasse* cum M^a Duchessa fin al
secondo di de mazo, et vedendo io el prefato S. Duca
mal volentiera aspectare fin a quello termine, aciô

che sua S. non se desdignasse, ho facto fare nova electione de poncto a li hastrologi et abreviare il termine, qual è stato assignato per questa sera che è sabato a li XVIII del mese presente, et cussi cum la pace de Dio *se alectarano* questa sera, benchè creda che assai gli serà che fare cum la p^ta M^a Duchessa et bisognarasse combattere cum S. S... E il giorno appresso partccipava : « Come scrissi a la S. V. heri sera la ill^ma M^ma Duchessa *se acompagnò* cum il S. Duca et lasso considerare a lei quanta faticha fosse ad indurla et quanta arte et industria me bisognò usare prima, che fu uno inextimabile impazo. Questa matina sta mò tuta vergognosa, né olsa o ardisse guardare homo alcuno in volto ; non sta anche perhò troppo grama né demessa, ma nel volto dimonstra certa venusta gratia et honestate che credo non se poteria scrivere cum penna. Seria ben contento che la Ex. V. la potesse vedere, che veramente la extimaria la più pudica madonna del mondo como certamente se può dire che la sij. » Parole dalle quali traspira, è facile lo scorgerlo, tutta la compiacenza di quell' affezionato cortigiano per le virtù verginali della fanciulla che aveva cresciuta.

§ 2. D'une lettre de Ginevra de 'Fanti, le 28 avril suivant, au même marquis Gonzague.

« Sabato a li 19 di questo lo Ill^mo S. Duca *se accompagnò* con la Ill^ma M^a vostra sorella : circha questo non scrivarò altra particularità per honestà. »

§ III. Pietro Bembo, de son côté, écrit :

« Guidum Ubaldum constat, sive corporis et naturae vitio, seu, quod vulgo creditum est, artibus magicis ab Octaviano patruo propter regni cupiditatem impeditum, quarum omnino ille artium experientissimus habebatur, nulla cum fœmina coire unquam in tota vita potuisse, numquam fuisse ad rem uxoriam idoneum. Hujus autem imprudens ipse rei adhuc omnino ignarusque cum esset, experimentumque virilitatis ulla cum fœmina nondum cepisset, id enim caverat diligentissime patruus, nubit ei haec puella Francisci Gonzagæ soror... Uno in lectulo cubant annos duos, cum ille interea, quid plane posset, experiretur. Itaque tandem cum se frustra periculum facere animadvertit, mœrens dolensque uxori aperit, putare se magicis impediri quominus virum illi ostendere se se possit : se miserrimum ac porro infelicissimum nuncupat, qui cum spe liberorum careat, tum illi nullam de se voluptatem afferre possit, quam illa jure conjugii meritó expectat... Mulier, quae multo ante id, quod erat, rata, nihil apud virum questa unquam fuerat, nullum ulli mortalium verbum ea de re fecerat tum illum solata hilari vultu orat, sustineat feratque fortiter fortunæ injuriam... »

*Sur le secret gardé par la duchesse, et sa fidélité, Bembo ajoute :*

« Utque dicit, etiam facit. Itaque quatuor atque decem amplius annos una vivunt, cum interea non solum populi, sed ipsi etiam eorum familiares intimique sterilitatis culpam ad mulierem potius traducerent, quam ad virum : ita ejus plane rei nihil unquam rescitum est, neque nunc quidem esset, nisi ejus ipse vir, omnia quemadmodum se habebant, aperuisset eo tempore, cum is a `Cæsare Borgia domo expulsus ad Gallorum Regem, cuius in manu tunc res erant, implo-

'randi auxilii caussa Mediolanum se contulerat. »
*De Guido Ubaldo Feretrio deque Elisabetha Gonzagia Urbini Ducibus liber.* BEMBO : *Opere.*

## APPENDICE VI

### LETTRE DE LA DUCHESSE D'URBINO A SON FRÈRE LE MARQUIS GONZAGUE SUR LE PROJET D'ENTRER AU SERVICE DE LA REINE DE FRANCE.

Ill^mo S. mio fratello e patre hon.

Havendo el conte Ludovico da Canossa nel ritorno suo da la S. V. fattome intendere lo animo e desiderio suo circa lo andare mio a li servicij de la Ch^ma M^tt de la Regina, quale per sua humanità con tanto bono animo non solo se ne contenta ma ne ha recerchata la S. V., che in queste mie tribulacione m'è de non pichola satisfacione de animo, ultra che io cognoscha non poteria de tal cosa reportarme se non utile et honore, tutta volta essendo venuto qui el S. Ducha mio consorte e per questo expostosi a tanti e diversi pericoli per venermi a ritrovare, com pocha sanità del corpo, non son per abondonarlo nè manchare de quello che altre volte ho facto intendere a la S. V., la quale vedendo quanto ad ogni tempo la tiene memoria di me con perpetuo obligo et animo la ringracio, et pregandola in nome mio volia rengraciare la X^ma M^ta de la regina, alla quale anchora me facio el medesimo per l'aligata, et in bona gracia de la S. V. sempre me recomando a la quale non rimando el Conte Ludovico per certa scesa a la gola

li é sopragionta in questo suo ritorno. La littera
me recomandarà a la S<sup>ra</sup> Marchesana.

Venecijs XXII febr. 1503.

Quella che in perpetuo li é obbligata,

Serva de la S. V.,

ELISABETA DE GONZAGA m. p.

# APPENDICE VII

## LE RETOUR DE GUIDOBALDO A URBINO

### § 1. TEXTE DE CASTIGLIONE.

« Occurrebant redeunti puerorum examina ramos
olivarum tenentium : canebant auspicatissimum regis
adventum : occurrebant tremuli gradu longævi
senes præ lætitia lacrimantes, viri, feminæ, matres
cum infantibus, turbæ acervatim cujuscumque
sexus, cujuscumque ætatis : ipsa videbantur saxa
exsultare, et quodammodo gestire. »

BALDASSARE CASTIGLIONE, *Orazione, in Lettere*;
ed. Serassi.

### § 2. TEXTE DE POLIDORO.

« Doi vechi de 80 anni ciechi per la età » si fecero
presentare al Duca dicendo : aspecta, S<sup>re</sup>, aspecta
che vi voglio tocare. Chi li portava el figliolo e chi
diceva cose da far spezare durissimi marmi... Hogi
sono venute quasi tutte le donne et le più nobile
e più belle, cum uno tamburo inanti a visitare Sua
Ex. e poi partendosi sono tornate ballando sempre
e cusi hanno circato tutta la cità et poi nel mer-

catale a suono de tamburo a la svizara hanno finito la festa. »

Polidoro, secrétaire d'Emilia Pia. *Lettre à Isabelle d'Este*, le 29 août 1503.


# APPENDICE VIII

## LE RETOUR DE LA DUCHESSE A URBINO

Ill^ma et Ex^ma patrona mia,

Com prosumtione daro adviso a la S. V. de la intrata che ha facta la excelentia de Madonna in Urbino, ma prima de là partiti da Venetia per fina ad Urbino non poteria scrivervi quanti fu li desastri, l'incomodi et li sinistri et male vie et mali albergi che se ritrovò : pur giongessimo apresso ad Urbino a quattro miglia, et tanto populo gli vene incontra che è una cosa mirabile : tutti cridando *Te Deum laudamus* con olive in mano et pur cridando Gonzaga et Feltro Feltro. Et gionti dentro de Urbino assai gientilhomini et citadini che erano fuor di la porta che ivi l'aspectavano com magno gaudio se li fecero incontro, abrazandoli e tochandoli la mano com lacrime di tenereza, et tenerono Sua Ex. per spacio di tre hore inanzi che la potessi agiongere ala piazzia. Et gionta che la fu dinanti al Vischovato disomtò et intrò in la chiesia dove era tutte le gientildonne di Urbino con una rama di oliva con le foglie dorate et tutte ad una voce cridavano il nome di Sua Ex. et abraziata de tutte con gran^ma consolatione venne inanti mons. Viscovo adornato eclesiastichamente, prese M^ma Duchessa per manò et andò a inzinochiarsi dinanti a l'altar grande, dove era tutto il clero, et comenzorono a cantare *Te Deum laudamus* con altre orationi divote et datta la benedictione usiron fuora di la Chiesa et andoron in pallazo acompagnata dal Vescovo et dal clero con tanta moltitudine di giente che mi parevano assai et steteno tanto in nel pallazo che era nove hore di nocte : et così ogni di et ogni nocte siamo a questo' di essere Sua Ex. visitata.

Sua Ex. sta benissimo et si racomanda all' Ill^ma S. V. et io cosi poverino como io sono a li piedi di V. Ex. di continuo m'aracomando.

Ex Urbino die XI decembri 1503.

Perdonami V. S. a la mia prosumptione.

Fidelissimus servitor,

ALEXANDER Car^lis SINISCALCO.

ALESSANDRO PICENARDI, sénéchal du cardinal : *Lettre à Isabelle d'Este.*

# APPENDICE IX

## ARRIVÉE TRIOMPHALE DE GUIDOBALDO A ROME

Giunse il Duca a Ponte Molle a Ventuno di novembre assai a buon'ora ed avea deliverato di trattenversivi, perciocché trovandosi con picciolo corteggio volera entrar in Roma per fuggirgl'incontri sconosciuto e dè notte, ma vennegli fallito il pensiero perciocche il Pontefice, avvisato del suo arrivo, mando' gli subito incontro alcuni della corte e fecegli presentare una bellissima mula guernita di fornimenti di velluto pavonazzo con frange d'oro ed un saio ricchissimo di broccato, fecendogli intendere volere ch'egli entrasse di giorno. Sfozato pertanto

ad ubbidire, cavalcô superando le molestia della
podagra, eda a mezzo il cammino ebbe incontro la
famiglià del Papa e il capitano della guardia, dà
quali accompagnato, giunse tosto alla Porta Flaminia overa concorso grandissimo popolo per ver-
derlo. All' entrar ch'egli fece scoccarono l'artiglierie
di Castello, né cessarono finché non giunse al palazzo
di Mario Merlini, ove dal Maestro delle cerimonie
gli era stato assegnatò, l'allogiamento, per esser
quello deputato a qué principi che non venivano
accolti in Vaticano.

BALDI, *Della vita e dé fatti di Guidobaldo I da
Montefeltro* (écrit en 1615).

## APPENDICE X

### L'ENTREVUE ENTRE GUIDOBALDO ET CÉSAR BORGIA, A ROME, DÉCEMBRE 1503.

COPIE ADRESSÉE AUX PRIEURS DE CASTEL DURANTE
(PLUS TARD URBANIA) D'UNE LETTRE REÇUE DE
ROME PAR LA COUR D'URBINO, DANS LES PREMIERS
JOURS DE DÉCEMBRE 1503.

Cetera adviso V. Ex., come el Valentino per
M. Gabbriello da Fano, doi giorni sono, domandô
de gratia spetiale al Ex. del S. Duca nostro che lo
volesse audire et ascoltare. Di che M. Gabriello fo
excluso in tucto de no. Per il che el Valentino sup-
plicò la S. de N. S. fusse contento fare lo S. Duca
lo ascoltasse; et cusi el S. Duca a contemplatione
de S. S. fo contento. Et ritrovandosi sua Ex. in l'antecamera del Pontifici, sedento in uno lecticiolo
chè in quello loco, venne el Valentino per una via

coperta, et come intrò subbito in luscio, fo cum la
berretta in mano, et cum li genocchij a terra fece
reverentia al S. Duca, et appropinquandosi continuo cum la berretta in mano, come gionse al S. fece
un altra reverentia sino a terra. Sua ex. quando lo
viddi venire se rizzò impiedi, et expectato alquanto,
cavatosi poi anche lui la beretta, li si fece incontro
tre o quatre passi ; et essendo el Valentino a terra,
Sua Ex, cum ambe le mane le fece levare et sen-
tare, dandoli audientia. Verba Valentini fuerunt
huiusmodi sententie excusatoria, domandando prima
perdono, che quello lui haveva facto a Sua Ex. si
doleva sino al core, et q. male fecerat, incolpando
la giovintù sua, li mali consigli soi, le triste pratiche,
la pessima natura del Pontefice et qualche una
altro che l'haveva spinto a tale impresa ; dilatandosi
sopra el Pontefice, et maledicendo l'anima sua, et
cusi di chi l haveva spinto a tale impresa, che mai
lui li haveva facto pensiero nè era stato sua fantasia ;
che se ne doleva, et di bona voglia li voleva resti-
tuire tucta la robba et tucto el mobile tolto, da li
panni Troyani infora, che haveva donato a Rovano ;
et certe altre cose che lui non haveva, che erano
in romagna et in pluribus a Forli. La resposta fo
sub paucis conveniente a la proposta et al caso, et
lo (ello, egli) subbito expedito : remase pauroso assai
et bene chiarito. N. S. lha levato de la stantie dove
aloggiò da principio, et fallo stare in certe camerette
ad alto qui in palazzo ; continuo cum lui sta chi
l ha in custodia. Attendesi alla recuperatione del
mobile. Donino hoggi li andò a parlarli : il venne
incontro *a luscio* del ultima camera dove ello sta ;
et poi lo accompagnò sino a le scale nel partire
sempre cum *la bereta in mano*. Exemploveramente

de fortuna, da potere verificare et dicto del Salmo :
*Deposuit potentes de sede et exaltavit humiles.*
Dat, Rome V... 1503.

(*Dall' Archivio segreto d'Urbania, apud Ugolini:
Storia dei Conti e duchi d'Urbino. Documenti.*)

« A' di 7 dicembre 1503. In detto giorno venne
una lettere di Roma con avviso che il duca Valentino séra gettato à piedi del signor duca nostro,
con la berretta in mano, domandando misericordia
e perdono : allegando che di quella guerra fatta era
stata causa la sua giovinezza, *e la bestialità di papa
Alessandro*, e le persuasioni di qualcuno di qua. »

(*Commentaria quarumdam terrarum, locorum et
hominum status Urbini*).

# APPENDICE XI

## LA MORT DE GUIDOBALDO. RÉCIT DE CASTI-GLIONE

Et cum rursus paullum conticuisset, ad me con-
versus, Virgilii carmina hæc pæne subcinens,
*Dum hanc*, dixit, *vivo vitam*,

*Me circum limus niger et deformis harundo
Cocyti, tardaque palus inamabilis unda
Alligat, et novies Styx interfusa coercet.*

(*Balthassaris Castilionii ad Henricum Regem
epistola de vita et gestis Giudubaldi Urbini ducis*).

# APPENDICE XII

## LA POPULARITÉ DES DERNIERS DUCS D'URBINO.
## LE RETOUR DU DUCHÉ A L'ÉGLISE

Montaigne s'exprime ainsi dans son *Journal de voyage*, 1580-1581 :

Urbin, seize milles. Ville de peu d'excellence, sur le haut d'une montaigne de moïene hauteur, mais se couchant de toutes parts selon les pantes du lieu, de façon qu'elle n'ait rien d'esgal, et partout il y a à monter et descendre. Le marché y estoit, car c'étoit samedi.

*Nous y vismes le Palais* qui est fameus pour sa beauté : c'est une grande masse, car elle prant jusques au pied du mont. La veue s'étand à mille autres montaignes voisines, et n'a pas beaucoup de grâce. Come tout ce bastiment n'a rien de fort agréable ny dedans ny autour, n'aïant qu'un petit jardinet de 25 pas ou environ. Ils disent qu'il y a autant de *chambres que de jours en l'an* ; de vrai, il y en a un fort grand nombre, et à la mode de Tivoli et autres Palais d'Italie, vous voiés au travers d'une porte souvent 20 autres portes qui se suivent d'un sans et autant par l'autre sans, ou plus. Il y avait quelque chose d'ancien, mais le principal fut basti (en) 1476 par Frederic Maria de la Rovere, qui a céans plusieurs *titres et grandeurs de ses charges et exploits de guerre* ; de quoi ses murailles sont fort chargées et d'une inscription qui dit que c'est la plus bele maison du monde. Ell' est de brique, toute faicte à voutes, sans aucun planchier, comme la pluspart des bastimans d'Italie.

Celui-ci est son arrière-neveu (1) ; c'est une race
de bons Princes et qui sont aimés de leurs sujets.
Ils sont de père en fils tous jans de lettres et ont en
ce Palais une bele Librairie ; la clef ne se treuva pas...
Einsin, outre l'eage d'elle qui est de 45 ans, ils ont
peu d'espérance d'enfans, qui rejetera, disent-ils,
cette duché à l'Eglise, et en sont en peine.

(1) Francesco Maria II della Rovere, sixième et dernier duc
d'Urbino (1549-1631).

# INDEX

## DES NOMS CITÉS DANS CE VOLUME

**PERSONNAGES HISTORIQUES, ARTISTES, AUTEURS, VILLES, MUSÉES
ÉGLISES, PALAIS, ŒUVRES D'ART**

# TABLE DES ILLUSTRATIONS

# TABLE DES MATIÈRES



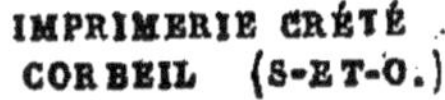


IMPRIMERIE CRÉTÉ
CORBEIL (S-ET-O.)

LIBRAIRIE HACHETTE
8,50
PARIS

IMPRIMERIE CRÉTÉ

CORBEIL (S.-ET-O.)

IMPRIMERIE CRÉTÉ

CORBEIL (S.-ET-O.)

www.ingramcontent.com/pod-product-compliance
Lightning Source LLC
LaVergne TN
LVHW020131060726
842526LV00004B/1353